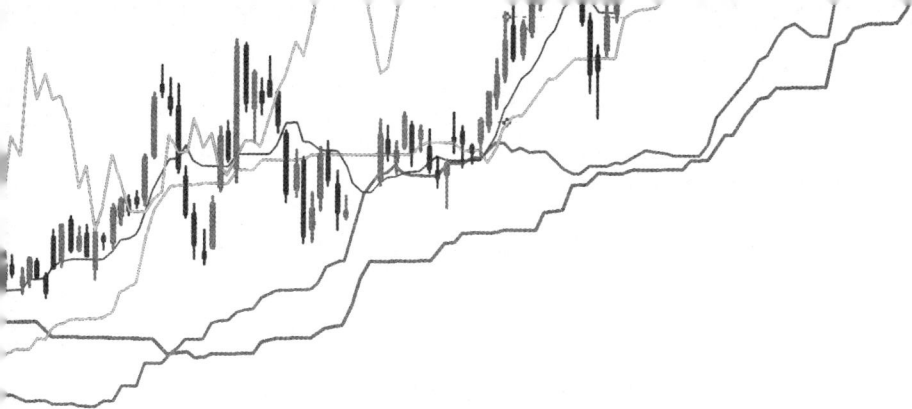

我国证券市场
内幕信息泄露的监管研究

尤 苗◎著

人民日报出版社

图书在版编目（CIP）数据

我国证券市场内幕信息泄露的监管研究 / 尤苗著. —北京：
人民日报出版社，2018.6
ISBN 978-7-5115-5512-0

Ⅰ.①我… Ⅱ.①尤… Ⅲ.①证券市场—市场监管—
研究—中国 Ⅳ.①F832.51

中国版本图书馆CIP数据核字（2018）第116862号

书　　名：我国证券市场内幕信息泄露的监管研究
作　　者：尤　苗

出 版 人：董　伟
责任编辑：杨冬絮
封面设计：中尚图

出版发行：人民日报出版社
社　　址：北京金台西路2号
邮政编码：100733
发行热线：（010）65369527　65369512　65369509　65369510
邮购热线：（010）65369530
编辑热线：（010）65363105
网　　址：www.peopledailypress.com
经　　销：新华书店
印　　刷：北京盛彩捷印刷有限公司

开　　本：880mm×1230mm　1/32
字　　数：122千字
印　　张：6.5
印　　次：2018年6月第1版　2018年6月第1次印刷

书　　号：ISBN 978-7-5115-5512-0

定　　价：49.00元

序　言

内幕信息泄露是典型的证券违法行为之一，不仅扰乱了证券市场正常的交易秩序，还严重影响市场效率和资源配置，阻碍资本市场的发展和完善，对中小投资者造成巨大损失。由于内幕信息泄露具有泄密主体专业性强、违法成本低、调查取证难等特点，目前的研究和司法实践中，往往将内幕信息泄露和内幕交易两者合二为一。本书将重点研究内幕信息泄露，综合利用经济学、心理学和法学的相关理论研究证券市场内幕信息的泄露动因及监管对策，这在已有研究中还很少见。

在理论分析上，本书创新性地将犯罪经济学的研究框架运用到内幕信息泄露的研究上，从内幕信息泄露行为主体的角度出发，用成本—收益分析法来分析泄露内幕信息这一具体违法行为，研究内幕信息泄露的行为动机和选择策略。研究发现，国家层面的法律惩罚、公司层面的治理结构以及行为主体的心理因素等都是影响内幕信息行为泄露的主要因素。将行为主体的心理分析模型化，研究发现违法泄密给行为主体所带来的心理满足程度对其泄密行为的选择有正向激励作用，行为主体对泄密活动的心理认同度、因违法而被定罪的社会影响程度、受教育程度三个因素对泄密行为有抑制作用。

此外，本书用调查问卷的方法对我国证券市场的泄密动机进行了实证研究。在具体研究中，将泄密主体分为四种类型，即上市公司高管、中介机构、监管部门和圈外人员，有针对性地研究不同群体泄密的动因。主要结论有：一是各个因素是共同作用影响行为人的选择倾向，负向指标的抑制作用要大于正向的激励作用。二是自我约束能力越强，泄密倾向越差。自我约束能力具体是指对泄密行为的内疚感、对法律的认同，有意思的发现是，在所有的影响因素中，对行为主体影响最大的单个因素竟然是自我约束。三是物质激励指数越高，表明泄密行为给行为主体带来预期的超额收益回报越低，行为主体的泄密倾向就差。

作为一种犯罪成本低、调查从立法和执法两个取证难、隐蔽性很强的违法行为，在立法和执法都尚未完善的阶段，法律威慑力更对于抑制内幕信息泄露确实有限。那么，如何才能提高法律的威慑作用，让多的内幕信息泄露行为从灰色地带暴露出来？在规范资本市场的内幕信息泄露行为方面，到底是立法重要还是执法重要？基于此问题，本书选取了50个国家（地区）为实证样本，研究各国证券市场对内幕信息泄露监管的国际经验，并层面研究法律监管对内幕信息泄露的抑制机制。研究发现：在立法层面，法律的完善有助于提高对中小投资者的保护程度，有利于证券市场的良性运行，会降低内幕信息泄露的发生概率；在执法层面，抓捕能力和执行意愿的提升在一定程度上能够促进证券市场的发展，但不是影响内幕信息泄露情况的主要因素，而遏制内幕信息泄露的主要因素则是政府对证券市场的干预。

通过理论分析和实证研究，本书发现法律监管、公司治理、个人心理构成了内幕信息泄露动机的三大层次，但是目前实践中针对内幕信息泄露的监管都是以事后惩罚为主，因此，本书提出了建立起事前防范-事中监控-事后惩处和激励机制相结合的"四位一体"监管体系。

目　录

第一章

导　论

自1990年上海证券交易所、1991年深圳证券交易所正式成立以来，我国证券市场经过了20多年的发展，从最初的几家上市公司发展到现在包括大型企业、中小企业和创业企业在内的数千家上市公司。截止到2016年12月底，我国A股市场共有2902家上市公司，市值达58万亿元[①]。中国股票市场已成规模，扩大了国内融资渠道，优化了资本资源的配置，极大地促进了我国国民经济的发展。

2006年股权分置改革的基本完成，标志着我国证券市场进入了全新的发展阶段。全流通时代的到来，使得原本对立的非流通股股东与流通股股东的利益趋向一致，使得大股东、公司管理层和实际控制人对市场的介入程度更深，机构投资者对市场行为的主导作用进一步加强。这些变化使市场参与者和利益相关者比以往任何时候都要关注所持有股票的价格表现，也越来越突显内

---

① 数据来源：中国上市公司市值管理研究中心《2016年A股市值年度报告》。

幕信息的地位和作用。近年来，我国股票市场在信息泄露方面的违规违法事件频频出现。如2007年初上市公司杭萧钢构取得巨额工程项目，但没有依照有关规定及时公告前，董事长单某木没有做好相关保密工作，在公司内部会议上对项目进行透露，造成内幕信息泄露，使与公司内部人员及密切关联人员先于市场得到信息，并使股价连续上涨或下跌从而产生剧烈波动。虽然证监会事后对杭萧钢构及董事长单某某等有关人员给予警告并处罚款，但该事件引起了市场的广泛质疑和投资者的不满，带来了极坏的市场影响。

泄露内幕信息罪是典型的证券违法行为之一，它的滋生和蔓延极大地危害了证券市场的良性运行和健康发展。泄露内幕信息的行为不仅扰乱了证券市场正常的交易秩序，还严重影响市场效率和资源配置，阻碍资本市场的发展和完善，对中小投资者造成巨大损失。内幕信息的泄露使得少数知悉并利用了内幕信息进行交易的人在获得暴利的同时，其他众多的投资者却遭受重大损失。这种行为如果得不到有效控制，从长远来看，它会使广大投资者丧失对市场的信心而放弃投资，这将是对证券市场致命的打击，不利于对我国经济稳定健康发展。

2014年6月，中信证券首席医药分析师张某某在上市公司丽珠集团未公开发布消息之前，就在各个微信群和微信朋友圈中发布丽珠集团将要公布管理层限制性股票和期权方案的消息。这一通过"朋友圈"泄露上市公司内幕信息的案件迅速引起市场各方的关注。2016年林某某泄露内部信息案[1]，其父作为广东省某商会常务副会长，与作为该商会会长的鸿达兴业董事长周某某熟识并获取内幕信息，在内幕信息敏感期内，建议其子买入"鸿达兴业"股票获利。内幕交易行为不仅扰乱了证券市场正常的交易秩序，还严重影响市场效率和资源配置，对中小投资者造成巨大损失。如何"从源头上净化水源，严禁内部人泄密"[2]，已成为我国证券市场亟待解决的难题。

虽然查处的内幕信息泄露案件不断增多，但目前内幕信息泄露的处罚以事后监管为主，绝大多数案件是因为随着内幕信息泄露而发生的内幕交易被发现的，极少数案件是单纯因为内幕信息泄露而被惩处。同时，由于证券交易采取电子化交易手段且内幕信息通过口头形式即可不留痕迹地泄露出去，使得这种多依靠事后处罚的监管对我国尚不完善的证券市场来说，在很大程度上是无效的[1]-[4]。因此，有效地防范内幕信息泄露、维护我国证券市场的健康发展急需建立一个事前防范、事中监控和事后惩处相结合的监管体系。

目前学术界对内幕信息泄露的研究多集中在市场效率和投资

---

① http://finance.cnr.cn/jysk/20170228/t20170228_523625669.shtml，2017年2月28日央广网。

② 证监会：严厉打击"微信"泄露内幕信息行为，人民网，2015年8月7日。

者保护两个领域，关注点主要在于我国证券市场是否存在因内幕信息泄露而引发的内幕交易行为[5]-[11]。但内幕信息泄露和其他违法行为相比，具有泄密主体专业性强①和违法成本低、调查取证难②的特点，而目前学术界单独研究内幕信息泄露，特别是考虑到这些内幕信息泄露特点的文献鲜见。另外，内幕信息泄露作为影响资本市场健康发展的违法行为，仅从经济学的角度来解释尚不完备，更需要结合心理学做进一步的分析。

因此，研究我国上市公司泄露内幕信息的违法行为的理论基础，比较分析各发达国家对上市公司泄露内幕信息的监管模式，深入研究我国上市公司内幕信息泄露动因和影响因素，以此形成防止我国上市公司内幕信息泄露的监管和激励机制，这对完善我国防止上市公司泄露内幕信息法律法规，促进我国资本市场的繁荣与稳定，有着重要的现实意义和理论意义。

---

① 内幕信息泄露的主体大多是公司的高管、大股东，金融中介或监管机构工作人员，且具有某一方面的专业知识或技能，熟悉证券交易的运作规则，掌握金融、证券、法学、会计等方面的知识。在侦查过程中，侦查办案人员对经济、法律等知识的掌握情况常常不如泄密行为主体，导致犯罪嫌疑人把侦查人员"问倒"的情况，严重影响查处内幕信息泄露案件的效率。

② 内幕信息泄露无须事前购买器具、作案工具等前期投入，只需利用职务便利或者资源优势，便可以口头形式将信息泄露出去，并同时获取巨额回报。

第一节　内幕信息泄露的相关概念

一、内幕信息的概念

目前，我国现行的法律法规对证券市场上内幕信息的含义进行了明确规定。2014年《证券法》①第75条第1款明确规定了证券内幕信息的含义，所谓内幕信息是指在证券交易活动中，涉及公司的经营、财务或者对该公司证券的市场价格有重大影响的尚未公开的信息。这一法律条款提出了界定内幕信息的实质标准，即内幕信息应该是对公司证券交易价格有重大影响的信息。

此外，《证券法》也对内幕信息的范围也进行了详细的规定，内幕信息包括《证券法》第67条第2款列举的投资者尚未得知的可能对上市公司股票交易价格产生较大影响的重大事件和《证券法》第75条所列的（二）至（八）项。具体来说，内幕信息主要分为以下五个方面：（1）公司经营方面：如公司的经营方针和经营范围的重大变化；公司的重大投资行为和重大的购置财产的决定；公司订立重要合同，可能对公司的资产、负债、权益和经营成果产生重要影响、公司发生重大亏损或者重大损失；公司生产经营的外部条件发生重大变化。（2）公司财务方面：如公司发生

---

① 参见《证券法（2014）》第四节第七十五条。http：//www.npc.gov.cn/npc/lfzt/rlyw/2015-04/23/content_1934291.htm.

重大债务和未能清偿到期重大债务的违约情况、公司债务担保的重大变更；公司分配股利或增资的计划；公司营业用主要资产的抵押、出售或者报废一次超过该资产的百分之三十。（3）公司治理方面：如公司的董事、三分之一以上监事或者经理发生变动；公司股权结构的重大变化；持有公司百分之五以上股份的股东或实际控制人，其持有股份或者控制公司的情况发生较大变化；涉及公司的重大诉讼，股东大会、董事会决议被依法撤销或者宣告无效；公司涉嫌违法被司法机关立案调查，公司董事、监事、高级管理人员涉嫌犯罪被司法机关采取强制措施；公司的董事、监事、高级管理人员的行为可能依法承担重大损害赔偿责任。（4）上市公司收购方案：公司减资、合并、分立、解散及申请破产的决定。（5）国务院证券监督管理机构规定的其他事项和认定的对证券交易价格有显著影响的其他重要信息。

在2014年证监会印发的《证券市场内幕交易行为认定指引》（以下简称《指引》）中，专设"内幕消息的认定"一章，增加"对证券交易价格有显著影响的其他重要信息"为内幕信息，并详细解释"对证券价格有显著影响"，即通常情况下，有关信息一旦公开，公司证券的交易价格在一段时间内与市场指数或相关分类指数发生显著偏离，或者致使大盘指数发生显著波动。同时《指引》规定"公开性"是指内幕信息在中国证监会指定的报刊、网站等媒体披露，或者被一般投资者能够接触到的全国性报刊、网站等媒体披露，或者被一般投资者广泛知悉和理解。另外，《指引》界定了价格敏感期，即为内幕信息、形成之日起，至内幕信息公开或该信息对证券的交易价格不再有显著影响止。

基于上述法律法规对内幕信息的定义和规定，法学界对内幕信息的基本特征有不同认识，但都未离开未公开性和重大性这两个最基本的特征①。（1）未公开性：内幕信息属于上市公司经营中尚未公开的信息，能够掌握内幕信息的主体有限，广大普通投资者只有在上市公司将内幕信息相关的资料和文件刊登在中国证监会指定的报刊或网站上之后，才能获悉内幕信息，并消化、吸收；（2）重大性：并不是上市公司所有未公开的信息都是内幕信息，只有那些能够对证券价格或投资者产生重大影响的未公开信息才是内幕信息，一般以消息对股票价格的显著影响力作为判断标准。

二、内幕信息的知情人

内幕信息的知情人是指掌握尚未公开而对特定证券价格有重大影响的信息的人。内幕信息知情人是泄露内幕信息违法行为的主体，可以分为两种：一种是内幕人，根据我《证券法》第74条和《指引》等相关法律法规，大致可以分为三类：（1）公司内

---

① 《证券法》关于内幕交易认定的法条解读[EB/OL].http://www.csrc.gov.cn/pub/guangdong/xxfw/tzzbhfwzx/fwzxcjwtjd/201307/t20130710_230496.htm.

幕人员指的是基于在公司的职务或工作关系而获得来源于公司的内部消息的人，包括发行人、董事、监事、高级职员、秘书、持有公司5%以上股份的股东，公司的实际控制人、发行人控股的公司、雇员、打字员、由于所任公司职务能够接触或获得公司有关内幕信息的人员。（2）业务内幕人员，是指与公司没有隶属关系，但由于其业务或职业而获得有关公司内部消息的人，包括发行人聘请的律师、会计师、发行人的保荐人、承销证券发行的证券公司、证券服务机构的有关人员、投资顾问等。（3）政府内幕人员，是指政府机构中由于其管理、监督地位而能够接触或获得公司内幕信息的人，包括证券监督管理机构的工作人员、发行人主管部门、证券登记结算机构的工作人员、证券交易所的工作人员、审批机关的工作人员、工商税务的工作人员等。法律规定内幕人有对内幕信息的保密义务，不得非法泄露内幕信息。

另一种是非内幕人，此类人又分为两类：一是通过非法途径获取内幕信息的人，他们通过非法手段如骗取、套取、偷听、监听或者私下交易等，从上述三类人那里获知内幕信息；另一种是通过其他途径，比如因道听途说、偶然听到他人谈论、拾取得到抑或在他人醉酒等失去意志控制的情况下等而知悉内幕信息的人。这两类人的区别是行为人是否在刻意、主动、积极地去刺探、获知内幕信息。虽然《证券法》没有像对内幕人那样，对非内幕人有明确范围规定，但对该法第73条却对此类人员有明确的禁止将内幕信息再次泄露，我国刑法对此类人违法情节的严重程度均有处罚。

三、内幕信息泄露

内幕信息泄露，简单地说，是内幕信息的知情人将内幕信息传播给第三人的行为。根据中国证券监督管理委员会的解释，泄露内幕信息行为即"知悉内幕信息的知情人员将内幕信息告诉或传播给第三人，使其利用内幕信息进行交易或者转告给他人的行为"[①]。

内幕信息泄露的行为方式包括两层含义：一是在时间层面，该行为使正处于机密状态的内幕信息公开给了非内幕人，提前了内幕信息的机密期限；二是在空间层面，该行为使少数人才有权知悉的内幕信息在非内幕人中传播，扩大了知悉内幕信息的人员范围。内幕信息泄露行为方式多种多样，既可以通过明示、暗示泄露，也可以是书面方式或更直接的口头直接泄露，更可以采用密写、影印、复印、拍摄等方式，甚至借助当今高科技通信工具或APP软件泄露，只要结果是非内幕人获悉了内幕信息的全部或者部分内容，便构成泄露内幕信息行为。

在实践中，根据行为人的主观意愿，泄露内幕信息的行为

---

① 《证券法》关于内幕交易认定的法条解读[EB/OL]. http：//www.csrc.gov. cn/pub/guangdong/xxfw/tzzbhfwzx/fwzxcjwtjd/201307/t20130710_230496.htm.

有违法泄密和被动泄密两种。一是违法泄密，指泄密人为了谋取利益或者其他非法目的，主观故意将内幕信息违反法律法规提前泄露的行为。违法泄密具有目的非法和手段非法的双重特征。目的非法是指泄密人泄密的主观目的非法，谋取的是他利或私利而非内幕信息所属公司的利益；手段非法是指行为违法披露内幕信息制度的法律法规。泄密的泄露行为往往具有极其隐蔽性，随着当代科学技术的发展，这种隐蔽性更加难以察觉，给侦查带来极大难度，从而是降低了违法成本，提高了违法收益。一是被动泄密，指在没有违反相关法律法规的，也没有违法上市公司的保密义务的前提下，被动造成内幕信息泄露过程。泄密人的被动泄密过程没有目的违法，也没有手段非法，属于意外或者非抗性泄密。内幕人往往在不知情的情况下被非内幕人探知内幕信息，非内幕人探知的手段可能有窃听或偷听、偶然看到或听到、捡到内幕人遗失的内幕资料等，内幕人没有主观故意泄密的动机。

另外，非内幕人获知内幕信息后的再泄密行为，也属于泄露内幕信息行为。刑法第180条规定，非法获取证券、期货交易内幕信息的人员泄露内幕该信息，情节严重的，应构成泄密内幕信息罪。《证券法（2014年）》第76条亦有上述表述，"证券交易内幕信息的知情人和非法获取内幕信息的人，在内幕信息公开前，不得买卖该公司的证券，或者泄露该信息，或者建议他人买卖该证券。"可见，刑法和证券法也把非内幕人再泄密行为视为违法行为，根据情节加以惩处。因此，获知内幕信息的非内幕人在内幕信息未公开前，受法律约束不能再泄密。

四、内幕信息泄露与内幕交易的区别和联系

内幕信息泄露是指知悉内幕信息的知情人员将内幕信息告诉或传播给第三人，使其利用内幕信息进行交易或者转告给他人的行为。而内幕交易，也称为"内部人交易""内线交易""内情者交易"，存在广义和狭义之分。狭义的内幕交易是指证券交易内幕信息的知情人和非法获取内幕信息的人，在内幕信息公开前，不得买卖该公司的证券，或者泄露该信息，或者建议他人买卖该证券的行为。而广义的内幕交易是指凡是利用内幕信息进行的交易。内幕交易的具体表现形式分为以下两种：（1）直接交易：内幕信息知情人利用内幕信息为直接买卖相关证券；（2）间接交易：内幕信息知情人利用内幕信息为他人买卖或建议他人买卖证券。

通过对比内幕交易和内幕信息泄露的概念和行为方式，可以发现这两者之间既有联系又存在区别。内幕信息泄露和内幕交易的联系：（1）主体构成相同：我国刑法第180条对内幕交易罪和泄露内幕信息的主体做了专门的界定，即"证券、期货交易内幕信息的知情人员或者非法获取证券、期货交易内幕信息的人员"。（2）行为原因相同：对于同一案件的内幕交易和内幕信息泄露所针对的都是同一条内幕信息，内幕信息所具有的巨大价值是诱发泄密和内幕交

易的直接原因。（3）行为期限相同：内幕信息泄露和内幕交易这两种行为均是发生在内幕信息的保密期内，即形成至公开之前。

内幕信息泄露和内幕交易的区别：（1）行为认定不同：泄露内幕信息的行为认定核心是泄密的过程，而不强调主体的交易过程；而内幕交易的行为认定主要在于违法交易行为的产生，而不强调主体的泄露过程。这也是为何内幕交易行为已被认定和惩处，而内幕信息泄露却相对较难认定的原因。（2）行为分类不同：泄露内幕信息的主体不一定会直接或者间接参与证券的买卖过程，而内幕交易的主体如果自己直接进行交易，则不会存在泄露内幕信息行为。（3）行为结果不同：内幕信息泄露行为人没有履行上市公司的保密义务，是对集体利益的侵犯，而内幕交易行为是个人利益贪婪的表现，破坏了市场经济的公平和效率属性，扰乱了市场交易的秩序，具有严重的社会危害性。由于上述区别的存在，依据对社会危害的程度，针对内幕信息泄露和内幕交易两种行为，我国刑法对行为人有三种判刑：泄露内幕信息罪；内幕交易罪；内幕交易、泄露内幕信息罪。

第二节　国内外研究现状

由于内幕信息泄露的调查取证难，一般只有当与之同时发生的内幕交易被发现时，才能被查处[12]-[14]。因此，早期的研究将内幕信息泄露与内幕交易作为一个整体研究，研究内幕信息泄露对于资本市场的影响。大部分学者认为，内幕信息泄露降低了证券市场的流动性，加剧了股票价格的波动，增加投资者的交易成本，从而降低市场流动性。研究发现内幕信息泄露会降低市场的运行效率，降低证券市场的流动性。其中，Glosten的研究表明如果市场上内幕信息过多，市场的流动性就会降低[15]。Leland也发现在发生内幕信息泄露的情况，股价对股票的交易量的随机变动会更加敏感，进而降低市场的流动性[16]。Bhattacharya、Ausubel和Beny等学者通过理论模型发现当市场中内幕信息泄露时，普通投资者会失去信心，选择退出市场，降低市场的流动性[17]-[20]。他们的研究表明在严格的内幕交易的监管下，股票市场流动性更好。Dye的研究表明，内幕信息泄露也能给市场带来益处，有助于提高市场的流动性[21]。

虽然针对泄露内幕信息行为利弊的研究尚存在分歧，但各国普遍将内幕信息泄露作为违法行为认定。近年来，随着统计数据和统计方法的不断完善，学者开始将研究焦点转向内幕信息泄密的识别方面，如Easley、Kiefer和O'Hara提出了估计知情概率PIN模型，该模型成为测度内幕信息泄露问题的经典模型，对几个国家的证券市场进行研究后发现，流动性越好的公司PIN值越低，发生内幕信息泄露的可能性越低[22]。黄余海、张宗新等用实证研究的方法发现我国证券市场中存在严重的机构投资者利用信息优势进行内幕交易的现象[23][24]，而且我国的内幕信息泄露情况比其他成熟市场更加严重[25]。晏艳阳和赵大玮、张宗新等研究发现我国证券市场在2005年股权分置改革中及改革后存在较为严重的内幕信息泄露现象[26][27]。王飞利用B&W模型研究发现，我国A股市场的大额交易中更容易发生内幕信息泄露行为[28]。

一、内幕信息泄露的动因研究

目前关于研究内幕信息泄露动因方面的文献还没有，考虑到内幕信息泄露虽然有自身的特点，但是从本质上讲也是一种违法行为，我国《刑法》和《证券法》明文规定泄露内幕信息构成违法行为。因此，可以借鉴犯罪经济学的相关理论和最新发展，将其分析框架应用到研究内幕信息泄露的动因上，这也是本书的一大创新。下面将具体介绍犯罪经济学的相关理论及其发展。

Becker开创了犯罪经济学研究的先河，认为犯罪行为也存在收益和成本，个体会进行综合的权衡，并遵循期望效用最大化原则来选择是否实施犯罪，只有当犯罪行为的收益大于成本时，犯罪行为才会发生[29]。犯罪经济学是用经济学的原理和经济分析方法研究影响犯罪行为的各种因素及如何预防犯罪的学科。犯罪经济学的研究核心是犯罪成本与犯罪收益的比较，目标是成本最小化或者收益最大化。对于内幕信息泄露的诱因方面，Becker认为犯罪行为能为犯罪主体带来一定的期望收益，期望收益会鼓励犯罪行为的发生，如果期望收益足够高并高于机会成本，行为主体将会实施犯罪行为。Blake和Davis提出犯罪行为是犯罪收益与成本的函数的观点[30]；诺贝尔奖获得者Becker将这一观点模型化，把罪犯看作是在不确定条件下，综合比较犯罪将获得的收益和被抓的可能性以及被惩罚的成本之后，理性做出是否犯罪决策的经济人，建立犯罪供给函数；把收益和成本同时引入效用函数中，将罪犯决策问题视为一个不确定性下的资源最优配置问题。Davis将时间因素纳入成本收益模型，研究贴现率对犯罪决策的影响[31]；Glaeser、Sacerdote和Scheinkman又研究了社会相互作用（social interactions）对犯罪决策的影响[32]。随着犯罪经济学理论框架的逐渐成熟，越来越多的学者开始利用犯罪经济学分析具体的罪犯行为，如Choe研究了暴力犯罪的影响因素[33]，Kelly、Imrohoroglu研究了财产性犯罪的影响因素，并发现犯罪经济学模型更适用于财产性犯罪[34][35]；Grasmick专门研究了逃税行为的决策[36]；Salter et al.研究了会计系学生作弊行为的决策，发现跟风攀比心理对行为主体的犯罪抉择具有重要影响，这包括与别人的攀比和与自己过去行为的攀比[37]。

Lattimore和Witte在2001年将前景理论应用于犯罪行为研究，强调风险偏好对个体进行犯罪抉择的重要影响[38]。李心丹等在2008年将期望收益和跟风攀比作为内幕信息泄露行为的诱因变量构建研究模型并进行实证分析，取得了显著的效果[39]。江鹏的研究也认为冒险侥幸心理是内幕信息知情人犯罪主要的心理特征之一，表现在自我评价过高，自以为只要手法高明，泄露内幕信息和参与内幕交易难取证、难认定[40]。

对于内幕信息泄露的威胁因素方面，Scott和Grasmick的研究发现内疚感、社会声誉和法律惩罚对于违法行为具有显著的威慑力，且三者的威慑力依次减弱[41]。Mason和Calvin 的研究发现查处力度和惩罚力度对于纳税者具有显著的威慑力[42]。杜晓芬在2014年的研究认为法律制度越完善，内幕信息泄露所获得的超额收益越低，在法律监管力度短期内无法做出调整的情况下，对内幕信息泄露发现概率的提升可以有效提高法律监管对内幕知情人的震慑[43]。康萌认为内幕信息泄露的监管要在证券机构人员和协会自律机制的基础上强化社会公众和新闻媒体的监督力量，构筑完善的内幕信息监管体系[44]。陈小林和孔东民认为审计师利用非标准意见向投资者传递公司存在信息披露缺陷，被审计师出具了非标准意见的公司，发生内幕信息泄露的概率显著更高[45]。Madhavan认为及时公开的信息披露能够使股票的市场价格信息性更强[46]。沈根祥和李春琦在2008年的研究也认为内幕交易者具有信息不对称的优势，信息披露透明度的提高可以减少这一优势，并降低其获利的可能性[47]。李捷瑜和王美今的实证研究发现上市公司高管薪酬与内幕信息泄露呈显著的负相关关系[48]。沈冰等在2013年的研究也认为上市公司治理结构的不完善，如内幕权力制衡和问责机制等的弱化将会提高内幕信息泄露发生的概率[13]。

二、法律监管对内幕信息泄露的抑制作用

单独研究法律制度对抑制内幕信息是否有效的研究还不多，但是内幕信息泄露作为一种被普遍认为影响证券市场发展的违法行为，可以借鉴国内外关于法律制度是否能规范证券市场行为的相关研究。围绕市场和法律谁起作用进行了争论，国内外学术界大体可以分为三种观点：有部分学者认为法律对规范资本市场效果不大。Coase和Stigler的研究都认为市场会自动调节证券市场行为使其符合规范，而政府则不应该采取任何限制措施[49][50]。Grossman和Hart，Grossman；Milgrom和Roberts这三篇文献都认为证券市场本身是非常公平的，因为股票发行者为了获取投资者信任并维持股价，必须披露所有必要信息。特别是在对诱导性信息存在声誉、法律和合同等方面的约束力，或是投资者基本不需付出成本即可验证消息的准确性，或者信息的真实性是可以得到第三方保证的以上三种情况下，投资者可以认为证券市场中的信息是可靠的[51]-[53]。Benston和De Long认为市场会自动产生一些机制来调节证券市场行为，促进证券业的发展。总的来说，法律无效论认为证券法近乎鸡肋：一是证券法只是把已经存在的市场规则再重述一遍罢了；二是证券法无功还有过，因为它会增加交易或者订立合同的成本，而且还引入政府的干预，影响市场效率。第二种观点认为，在规范资本市场方面，应该同时发挥法律和市场两个方面的作用，缺一不可[54][55]。Coffee和Stulz等人主张证券法还是有用的，但应与市场自动调节机制相结合，主

张市场和政府干预相结合，提高监管的效率[56]-[58]。Simon和Reese和Weisbach认为不管是声誉上的威胁，还是基本的合同法或者是民法在规范市场行为上都还是不够的。因为证券违法的利益诱惑实太大了，靠私法救济的民事官司成本太高，并且私法对遏制证券欺诈行为到底能有多大作用还是很值得怀疑的[59][60]。因此，为了控制私人执法（private enforcement，即私人提起民法和合同诉讼）的成本和市场投机倾向，还是主张应该用专门的交易法规来细化市场规则。但是在持有这种言论的各方学者内部之间还有一个重大的分歧，即"在这种框架下政府到底采取什么样的干预措施是最佳的"。还有一部分学者认为，法律是有效的额并且要强化法律的作用。代表学者有Becker[29]，Polinsky&Shavell[61]，Glaeser[62]，Pistor[63]。这种观点在第二种观点上更进了一步，认为即便有证券法对披露要求和责任分摊作出规定，也难以保证交易市场各方能诚实公开信息。因此要建立一个法律执行机构，比如证券交易所委员会，来根据法律和以往的案例来干涉市场行为，这实际上是一种公共机构，我们称之为公共执法（public enforcement）。这种机构的建立必须符合几个标准，第一，它是专门从事证券执法的机构；第二，它不受政治干扰；第三，它可以独立推行或者参与制定市场参与者规范（有独立立法权）。由于这种公共执法的专门机构可以通过传唤和证据制度等跟法律挂钩的程序来实施监管，因此其执法效率会高于私人诉讼。对于内幕信息泄露是否应该进行监管，学术界还存在一定的分歧。

部分学者不赞成对内幕信息进行监管，如HenryManne在《Insider Trading and the Stock Markets》中，系统地提出反止监管内幕信息的相关理论，提出了内部人补偿说（认为内幕交易是对企业家的奖励）和效率说（内幕交易会降低股价的波动，提高市场效率）[64]。还有学者则认为应该对内幕信息进行监管，目前来看大多数学者都认同这一观点，并提出了相应的监管措施；一致发现严格的监管制度可以降低内幕交易，内幕信息的监管执法越严格的国家，在并购事件前的超额收益越小[65] [66] [67]。此外，公司规模越大，并且控股股东越强势的情况下，内幕信息泄露就越容易发生[68] [69][70]。Femandes和Ferreira发现再上市公司代理成本高的国家，内幕信息泄露的监管效果不是很好[71]。

第三节　本书的研究思路

一、研究内容

证券市场的发展离不开公平、公正和诚实信用的原则下的信息披露制度，而目前我国上市公司内幕信息保密方面的有效规制不足，未能通过有效的信息保密制度从源头上杜绝内幕信息泄露的发生，还存在对泄露内幕信息违法违规责任追究不力，投资者权利救济不足，违法违规行为的监管不足等问题。本书以证券市场内幕信息的泄露动因作为研究对象，首先将犯罪经济学的研究框架应用于研究内幕信息泄露的动机，然后基于犯罪经济学的理论，通过调查问卷的方法对我国证券市场不同群体的泄密动机进行了实证研究。本书还研究了各国证券市场对内幕信息泄露监管的国际经验，并对此进行了实证研究，并提出了四位一体的监管思路。具体内容如下：

1．我国证券市场内幕信息泄露的现状及典型案例：通过对证监会发布的行政处罚决定统计分析，并结合杭萧钢构案、董某青案和中信证券微信泄密事件等典型案例，分析目前上市公司内幕信息泄露的现状及面临的主要问题。

2．内幕信息泄露动因的理论分析：基于犯罪经济学的理论基础，从内幕信息泄露行为主体的角度出发，用成本–收益分析法来分析泄露内幕信息这一具体违法行为，研究内幕信息泄露的行为动机和选择策略，进而解释证券市场参与者为何泄露内幕信息的动因。

3．内幕信息泄露动因的实证研究：针对公司内部知情人、中间机构知情人、知情人亲属和相关的监管机构人员不同群体，通过问卷调研的方法，研究正向激励因素、负向威慑因素以及环境因素各个指标对内幕信息泄露主体的影响因素，并有针对性地提出监管措施。

4．法律监管对抑制内幕信息泄露的实证研究：首先，研究我国证券市场内幕信息泄露的监管体系及国际经验的比较；在此基础上，以50个国家（地区）的数据为样本，从立法和执法两个层面综合考虑构建指标体系，通过实证分析，研究不同国家的法律监管制度对抑制内幕信息泄露的有效性以及法律监管制度对抑制内幕信息泄露的作用机制。

5. 内幕信息泄露监管对策的研究：针对内幕信息泄露的主要动因，提出事前预防–事中监管–事后惩处以及激励机制相结合的"四位一体"监管体系。

二、研究方法

1. 心理学和经济学结合的理论研究方法：将心理学与经济学相结合，用跨学科的方法，从内幕信息泄露行为主体的角度出发，通过在成本–收益模型中引入心理因素的指标，动态地分析泄密行为主体的心理变化，不仅从法律和公司治理层面，还从心理建设层面提出事前防范泄露内幕信息行为的对策建议。

2. 案例分析法：通过对杭萧钢构案（中国"泄露内幕信息第一案"）、董某青案（中国"券商内幕交易第一案"）和2014年6月中信微信圈"泄密门"三个典型案例的分析，剖析各案例中内幕信息泄露的特点，分析我国上市公司内幕信息泄露的动因。

3. 调查问卷法：本书通过设计四个有关内幕信息泄露的典型模拟情景，分别针对公司内部知情人、中间机构知情人、知情人亲属和相关的监管机构人员进行问卷调查，分析正向激励因素、负向威慑因素以及环境因素各个指标对内幕信息泄露主体的影响因素，进而提出相应的监管措施。

4．实证分析的方法：以50个国家（地区）的数据为样本，综合考虑了立法和执法的两个层面，构建了包括立法指标（公共力量和私人力量）、执法指标、内幕信息泄露指标（中小投资者保护指数、股市相对规模、股市波动性和流动性）的指标体系，系统研究不同国家的法律制度对抑制内幕信息泄露的有效性以及法律制度对抑制内幕信息泄露的作用机制。

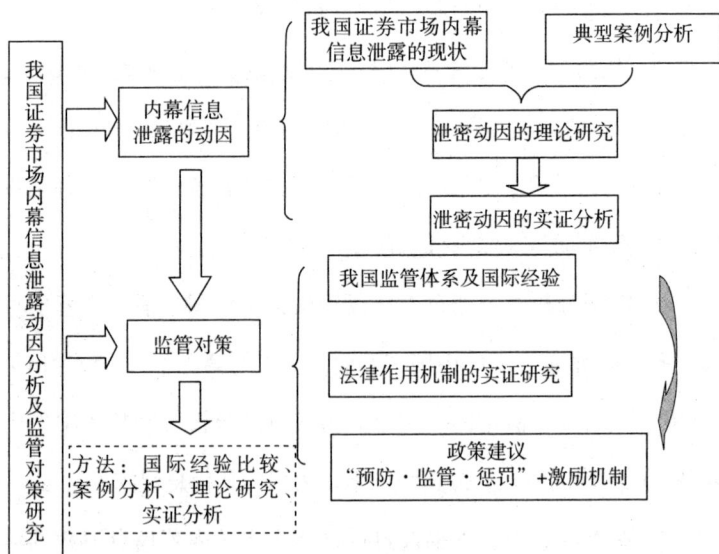

图1.1　本书的研究架构

Figure 1.1　The structure of this paper

第四节 本书主要创新点

1. 在选题上，内幕交易行为和内幕信息泄露行为经常同时发生[①]，目前的研究都将两者合二为一，但是内幕信息泄露具有泄密主体专业性强、违法成本低、调查取证难等特点，因此，本书重点研究内幕信息泄露，并跨学科综合运用心理学和经济学的研究方法，研究如何从源头上防止泄露内幕信息行为的发生，在已有研究中还很鲜见。

2. 创新性地将犯罪经济学的研究方法运用到内幕信息泄露的研究上，这在已有研究中还是首次。本书从内幕信息泄露行为主体的角度出发，用成本-收益分析法来分析泄露内幕信息这一具体违法行为，研究内幕信息泄露的行为动机和选择策略，用于分析内幕信息泄露案件中心理因素对行为主体泄密的重要影响。

3. 区别于以往都是用定性的方法来分析内幕信息泄露的动因问题，本书针对四种不同类型的泄密主体（高管泄密、中介泄密、亲属泄密、监管层泄密），通过调查问卷的方法，从法制、公司以及泄密主体三个层面入手，定量研究内幕内幕信息的动因，并有针对性地对防止不同群体从事内幕信息泄露的行为提出了政策建议，这在已有研究中是没有的。

[①] 我国也将两者犯罪行为统一定为"内幕交易、泄密内幕信息罪"。

4．本书研究了法律制度对抑制内幕信息泄露的作用机制，通过实证研究，以50个国家（地区）的数据为样本，从立法和执法的两个层面，研究法律监管制度抑制证券市场违规行为的作用机制。

5．本书针对内幕信息泄露的动因，创新性提出了建立"四位一体"的监管机制，即事前的预防机制、事中的监控机制、事后的惩罚机制相结合，以及内幕信息保密的激励机制。

第二章
我国证券市场内幕信息泄露的现状及存在的问题

　　证券市场具有公平和效率两大属性，首先要保证公平属性的发挥，而公平属性的发挥，信息公平是核心[72]。我国《证券法》第七十五条第一款明确规定，"证券交易活动中，涉及公司的经营、财务或者对该公司证券的市场价格有重大影响的尚未公开的信息，为内幕信息"。对我国上市公司内幕信息的监管是由中国证券监督管理委员会（以下简称证监会）承担的，证监会成立于1992年10月，统一监督管理全国证券期货市场，查处一切扰乱证券市场秩序的违法行为，保障证券市场合法运行。我国证券市场虽然取得了一定的成绩，但是还处于发展阶段，在体制机制的运行诸多方面还存在很多问题，其中上市公司内幕信息泄露就一直是我国证券市场必须时时刻刻关注的"顽疾"。据证监会公布数据显示，截至2016年12月底，我国境内市场上市公司（包括A、B股）总数2902家，遍布各省、自治区、直辖市，基本涵盖了基础产业，先进制造业和战略性新兴产业的龙头企业，总股本达4.32

万亿股，总市值58万亿元。证券市场上的2902家上市公司在其经营过程中会形成许多有重大影响力的内幕信息，这些信息一旦披露就会给公司股价带来不同程度的波动。本章将具体研究我国证券市场内幕信息泄露的现状及典型案例，以探究我国证券市场内幕信息泄露的动因。

我国关于内幕信息监管体系的建设大致上经历了三个阶段。第一阶段从1998年到2005年，在此期间，我国颁布了《证券法》首次提及内幕信息的监管，但由于并不具备受理与审理条件，内幕信息的监管并没有实际付诸实施。第二阶段从2005年到2009年，伴随着中国资本市场的逐渐繁荣，进一步完善对证券市场的监管成了当务之急，因此我国在2005年10月对《证券法》进行了修订，指出内幕交易和内幕信息泄露行为给投资者造成损失的，行为人应当依法承担赔偿责任。这是首次对内幕信息泄露行为的民事赔偿责任进行了明确，并初步建立了以证监会为主体的制止内幕信息泄露的行政体系。2007年9月出台的《内幕交易认定办法》为我国在查处内信息泄露、内幕交易案件时提供了法律依据。第三阶段从2009年至今，为了进一步加大对内幕信息泄露、交易的制裁力度，我国于2009年在《刑法》修正案中明确了"内幕交易、内幕信息泄露罪"，并在行政与司法实践中不断尝试对内幕信息泄露受害者的民事救济。在防范措施方面，考虑到原有的内幕信息泄露和交易报告制度不能约束内幕信息流转过程中的间接内幕人，我国于2011年11月25日起开始施行《关于上市公司建立内幕信息知情人登记管理制度的规定》，实现了对内幕信息的全程追踪。2012年12月15日起开始施行《基金管理公司开展投资、研究活动防控内幕交易指导意见》，意见指出基金管理公司应当制定专门的防控内幕信息泄露、内幕交易制度，规范公司投资、研究活动流程，对公司投资、研究活动中可能接触到的内幕信息进行识别、报告、处理和检查，对违法违规行为进行责任追究。2013年6月修订的证券法并未对有关内幕信息泄露、内幕交易的规定做出任何更改。2014年证监会印发的《证券市场内幕交易行为认定指引》中，专设"内幕消息的认定"一章，增加"对证券交易价格有显著影响的其他重要信息"为内幕信息，并详细解释"对证券价格有显著影响"，即通常情况下，有关信息一旦公开，公司证券的交易价格在一段时间内与市场指数或相关分类指数发生显著偏离，或者致使大盘指数发生显著波动。

第一节　我国上市公司内幕信息泄露的基本情况

2005年开启股权分置改革之后，我国资本市场的基础性制度发生了重大变化，市场作用机制不断增强。特别是从2007年之后，我国资本市场进入了全流通时代，市场各方参与主体的利益和二级市场的股价密切相连，但由于上市公司的管理层和大股东、机构投资者等主体在信息方面更具有优势，所以获取内幕信息的机会更多，参与内幕信息泄露的可能性更大。与此同时，这些信息优势方并没有很好地承担相应的内幕信息保密和具体责任要求，导致我国资本市场一直以来内幕信息泄露、内幕交易案件不断发生。

通过查阅中国证监会公布的对内幕信息泄露案件的处理决定，发现从2008年到2016年6月30日之前我国发生的由于内幕信息泄露而产生的内幕交易事件共有39起[1]，涉及的公司38家，其中领先科技（公司代码000669）分别于2011年12月13日和2013年8月21日两次因高管泄露内幕信息被证监会处罚，泄露内幕信息的类型都是企业并购重组信息。其中，2012年1月10日，新能国际投资有限公司（以下简称新能国际）实际控制人、中油金鸿天然气输送有限公司（以下简称中油金鸿）董事长陈某和委托姚某峰与天津领先集团有限公司（以下简称领先集团）刘某钢接洽，提出间接持有吉林领先科技发展股份有限公司（以下简称领先科技）股权事宜。双方企业在初步商谈阶段，内幕信息知情人有陈某和、姚某峰、李某新、刘某钢，到2012年2月20日至27日，知情人员范围扩大，除前述4人外还包括领先科技的杜某营、沈某华、焦某文、高某，新能国际的段某军、邓某洲，天风证券的刘某飞、夏某洁、王某等。其中，内幕信息知情人姚某峰与朱某峰

---

[1]　数据来源：笔者通过对证监会发布的行政处罚决定整理而得。

在2012年1月21日至2月11日期间共计通话10次，其中2月10日和11日双方通话3次，每次通话时间均不足一分钟。姚某峰通过电话将内幕信息泄露给朱建峰，二人是大学校友。此外，朱某峰还有一个哥哥叫朱某喜，朱某喜是职业股民，朱某峰因工作不便，会将其本人及岳父的股票账户都委托他的哥哥代为操作，其本人账户和"白某秀"账户交易领先科技的操作是由其哥哥朱某喜做出的。"朱某峰"账户在西南证券北京北三环中路营业部开户以来，交易股票品种繁杂，交易股票数量和金额均不大。账户在2月14日转入200万元资金之前，资产总额不足十万元。该账户交易委托流水显示，领先科技股票的交易金额高达200万元，明显高于其账户内其他股票的交易金额。2013年8月21日证监会对该案件内幕信息泄露、内幕交易等行为的相关人员进行了惩处。此案件是典型的公司高管的内幕信息泄露事件。整体上来看，我国上市公司内幕信息泄露的案件呈逐年增加的趋势，2008年、2009年和2010年证监会行政处罚的内幕信息泄露案件分别只有1起，从2011年开始内幕信息行政处罚事件不断增加，2011年证监会公告内幕信息泄露案件3起，2012年有4起，2013年有6起，2014年有8起，2015年有9起，2016年仅上半年就有6起内幕信息泄露案件发生。

此外，从涉案板块来看，笔者通过证监会网站行政处罚信息进行归纳整理发现，这39起内幕信息泄露案均分布在我国证券市场的各大板块（如图2.1），其中主板24起，中小企业版9起，创业板6起，主板相比其他板块上市企业较多，发生内幕信息泄露情况也更加严重。

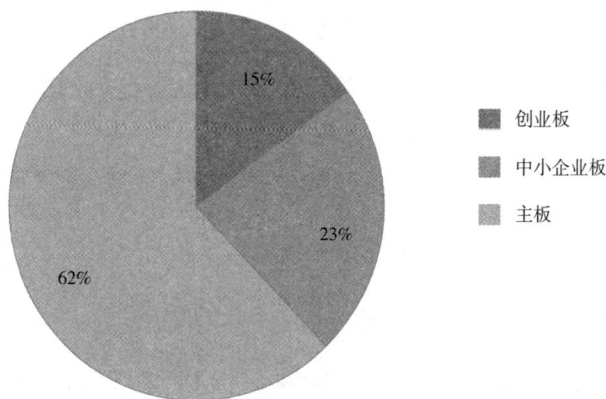

图2.1　上市公司内幕信息泄露涉及板块分布比例

Figure 2.1　The distribution proportion of insider information leakage

从涉及行业来看，39起内幕信息泄露案共涉及17个行业，具体分布如表2.1。其中机械设备、化工、电气设备等传统制造行业案件发生次数多，频率大。而新兴行业如传媒业、房地产、非银金融业及计算机行业案件也时有发生。

表2.1　上市公司内幕信息泄露案涉及行业

Table 2.1　The industry involved in insider information leakage of listed companies

所属行业	机械设备	化工	电气设备	商业贸易	医药生物	有色金属
数量	6	5	4	3	3	3
所属行业	电子	公用事业	建筑装饰	轻工制造	传媒	房地产
数量	2	2	2	2	1	1
所属行业	非银金融	国防军工	计算机	家用电器	汽车	
数量	1	1	1	1	1	

　　从上市公司的股权结构来看，39起内幕信息泄露案涉及38家企业，其中国有控股13家，非国有控股26家（如图2.2）。一股独大①29家，非一股独大10家（如图2.3）。上市公司控股是一股独大型，对企业的经营决策更加具有影响力，由于缺乏其他股东的有效制约，发生内幕信息泄露的案件相对较多。而对于由国有控股企业来说，由于各项监管制度相对严厉，运营也相对透明，从而发生内幕信息泄露的情况相对较少。

---

① 　一股独大通常是指其中一个股东占有最大的比例，例如50%以上，而其他股东全部都是很小的比例。狭义上是指上市公司某股东占据51%以上的股份，从而处于绝对控股地位；广义上是指无论股份多少，只要是某股东处于相对控股的地位即为一股独大。本书采用广义的概念。

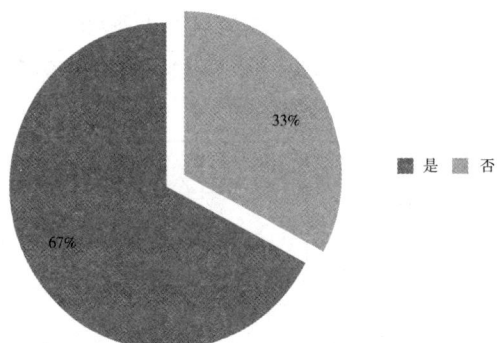

图2.2 涉案企业中国有控股型分布比例

Figure 2.2 The distribution proportion of the state-controlled

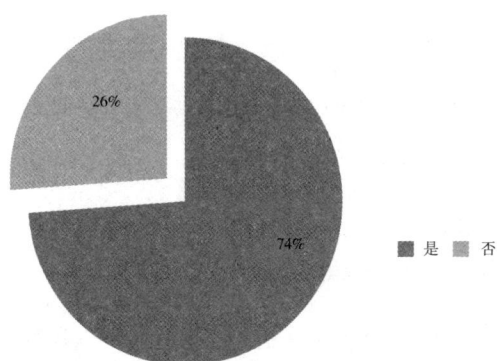

图2.3 涉案股权结构中一股独大型分布比例

Figure2.3 The distribution proportion of the single-large shareholder

从内幕信息泄露的客体来看，通过对这些处罚事件进行分析，还发现看出我国上市公司泄露内幕信息行为的客体主要集中在并购重组阶段，39起内幕信息泄露的事件中有21件是涉及并购重组信息，占比约为54%，如广发证券借壳上市是董某青一手推动并最终确定的，期间其指挥其弟董某伟买卖延边公路的股票，获得巨额回报。再如2010年宁夏恒力重大资产重组信息泄露和2012年安诺其资产收购信息泄露事件等。其次是利润分配预案，占比约为13%，如金自天正公司总经理胡某信息公布前将2011年度利润分配预案泄露给杨某章，杨某章提前买入股票非法获利。其他的内幕信息泄露客体主要集中在重大合作项目、财报信息、定向增发投资新项目、重大合作项目、重大项目投资、重大研究成果等方面，具体比例见图2.4。

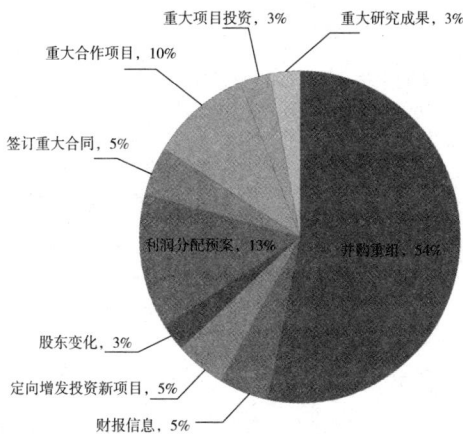

图2.4 上市公司内幕信息泄露客体分布比例

Figure 2.4 The distribution of insider information leakage of the object

从内幕信息泄露的主体角度来看，通过对39起上市公司内幕信息泄露案例的分析，发现内幕信息泄密的主体主要是公司的高管,39起内幕信息行政处罚事件中有28起的泄密主体是公司高管,占比达到74%,如中国资本市场"泄露内幕信息罪"第一案——杭萧钢构案,就是由公司董事长单某木将大额订单项目合同等内幕信息泄露给外部人员并逐渐扩散,导致股价出现异常剧烈波动,给投资者带来巨大损失。其他泄露主体分别是大股东、中介机构、上级管理部门以及公司高管亲属,分别占比18%、5%和5%(具体比例见图2.4),如2011年大业通联收购放汉银亿,在该重大信息披露之前,公司大股东娴遐投资的实际控制人江建华将此内幕信息泄露给关系密切的熊碧波,后者通过控制的9个账户买入天业通联股票。再如,2010年昆明市国资委副主任李某得知云内动力资产重组事宜后,将内幕信息泄露给其妻子谭某智,谭某利用此信息提前买入股票非法获利。

近十年来,我国证券史上有三起颇具影响力的内幕信息泄露案例,分别是中国"泄露内幕信息第一案"——杭萧钢构案、中国"券商内幕交易第一案"——董某青案和"中信证券微信泄密门"——张某芳案。在杭萧钢构一案中,"杭萧钢构与中基公司签订300亿元大单"是杭萧钢构泄露内幕信息泄露案的核心内幕信息。从2006年11月起,杭萧钢构开始就安哥拉公房由混凝土结构改为钢结构的项目(以下简称安哥拉项目),与中国国际基金有限责任公司(以下简称中基公司)接触并洽谈。直到2007年2月8日,双方经过多次谈判,最终就安哥拉项目合同的价格、数量、付款方式、工期等主要内容达成一致意见。2月10日至13日，双方就合同细节进行谈判，并于13日签署合同草案，合同总金额折合人民币313.4亿元。洽谈期间的2007年1月31日晚，罗某峰陪同公司董事长单某木宴请公司独立董事竺某娥等人，从单某木等人谈话中获悉公司正在洽谈安哥拉合同，金额达300亿元。在被证监会认定是价格敏感期的2月12日，罗某峰在与公司其他部门的工作联络中，进一步知悉杭萧钢构与中基公司正在谈判安哥拉合同，涉及金额300亿元。当日下午3点，公司董事长单某木在公司2006年度总结表彰大会的讲话中透露公司国外投资项目的内幕信息。已知悉此消息的陈某兴致电罗某峰询问合同进展事宜，因罗某峰正忙，二人未能深谈。至17时许，罗回电话给陈，在谈及公司近况时，将其所知悉的"安哥拉项目"信息泄露给陈。当晚，陈某兴将从罗某峰处得知的信息包括信息来源告诉王某东，并下达2月13日买入杭萧钢构股票的指令。合同签署的2月13日下午，罗在电话中再次将合同已草签的情况泄露陈某兴，陈遂叫罗获取合同文本。随后，陈某兴和王某东一起利用内幕信息运作杭萧钢构股票攫取暴利。3月15日，陈某兴从罗某峰处得知证券监管机构要调查杭萧钢构，遂将有关情况告知王某东并指令其次日卖出杭萧钢构股票。3月16日，王某东按照指令将杭萧钢构股票共计6961896股全部卖出，非法获利4037万元。杭萧钢构一案中，被告人罗某峰身为内幕信息知情人员，在涉及证券的发行、交易，对证券的价格有重大影响的信息尚未公开前，故意泄露信息给知情人以外的人，造成他人利用内幕信息进行内幕交易，其行为已触犯《刑法》，应当以泄露内幕信息罪追究其刑事责任。法院最终认定：罗某峰犯泄露内幕信息罪，判处有期徒刑一年六个月。

董某青案是继杭萧钢构泄露内幕信息案之后，引起社会广泛关注的另一个内幕信息泄露案，被媒体称为是中国"券商内幕交易第一案"。违法人董某青是证券界的资深人士，对泄露内幕信息罪颇为了解，这一特殊性给本案的侦破造成极大困难，这是该案引起社会关注的主要原因。广发证券借壳上市进程中的"无壳"阶段是从2006年1月12日到5月10日，这一阶段，时任广发证券总裁的董某青负责借壳上市的全部工作。2006年4月17日，董某青召集部分高管开会研究讨论公司借壳上市问题，在这次会议的会议记录中首次出现了"延边公路"的字样，会议初步确定延边公路作为备选壳之一。5月6日左右，董某青再次召集公司相关人员讨论找壳情况，之后，并购部给出的《目标公司建议》中将"延边公路"正式作为广发证券借壳上市备选六个壳之一，并在5月8日广发证券借壳上市会议上正式向大股东报告。在广发证券上市"无壳"期间，董某青多次指挥董某伟陆续大量购入延边公路的股票。经查证，董某伟持延边公路股票峰值高达14573888股，占其流通股比重达15.639%。之后，董某青还告知董某伟"广发证券借壳上市有可能选中延边公路这个壳，你在买入延边公路股票时要注意安全",明确要求董某伟不要用自己的名字账户买入。董某伟在2006年间交易延边公路股票的账面盈利为5000多万元。2009年3月27日下午,这起备受瞩目的中国"券商内幕交易第一案"终于在广州市中级人民法院做出终审裁定后落下帷幕,该院裁定因证据不足仅指控广发证券原总裁董某青泄露内幕信息罪成立。本案中券商精英董某青是浸淫证券多年的"大佬",对整个证券市场的运作、监管了如指掌,亦对如今证券业的法律和制度漏洞颇为熟悉。广发证券借壳上市是董某青一手推动并最终确定的,期间他并没有直接买卖股票,只是建议并指挥其弟董某伟买卖延边公路的股票,有效规避了其内幕交易罪,即使判定他的泄露内幕信息罪,他也极度不承认并当庭抗辩。此案在一定程度上也暴露出我国在内幕信息法律认定和监管方面的不足。

特别值得注意的是,随着互联网技术的发展,内幕信息泄露更具有隐蔽性。2014年中信证券"泄密门"案件是迄今为止最引人关注的利用通信软件泄露内幕信息范围最广的事件。2014年3月初,丽珠集团成立以董事会秘书李才为主的股权激励项目组,负责推进股权激励事项。5月8日,丽珠集团股权激励项目组向丽珠集团董事长朱某国报送了《关于集团股权激励方案要点的请示》。5月28日,董事长朱某国确定丽珠集团股权激励方案要点:一是激励工具及数量为期权+限制性股票;二是确定限制性股票折扣为五折;三是2014年至2016年业绩增长比率分别为15%、20%、30%;

四是以2013年扣除非经常性损益后的净利润为净利润增长基数。6月5日，王某光将6月10日董事会的有关表决表和董事会决议（稿）发送至各董事，要求各董事在6月10日前签署并反馈董事会秘书处。2012年10月之前李某才和张某芳二人已经认识，但很少联系。2014年6月6日上午10点41分17秒，张某芳主动联系李某才，在电话中提到大智慧5月两次连续报道的内容"丽珠集团股权激励将于今年上半年完成，囊括股票、期权等多种形式；丽珠集团股权激励草案初定业绩目标为利润增长15%—25%"，并向李某才询问股权激励的时间、形式和行权条件等进展情况。李某才将丽珠集团正在准备股权激励计划，近期会有公告的情况告知了张某芳。在与李某才通话后，张某芳指示其助手王某将张某芳口授并审阅定稿的关于丽珠集团拟实施股权激励的信息，发布到"中信医药张某芳400""中信医药张某芳A&A"等15个微信群。同时，张某芳将该信息转发到了自己的微信朋友圈。上述信息与丽珠集团拟实施的股权激励方案的行权方式、条件及公告时间完全一致。截至6日11点30分股票市场休市，仅20分钟内丽珠集团股票涨幅曾高达4.48%，下午股价也仅小幅回落。当日丽珠集团成交量明显放大，收盘报49.1元，涨幅2.81%。无法排除是否是因该消息泄露了利好信息，从而影响了丽珠集团股价上涨。该消息发布之后，消息截屏瞬间在微信群传开，成为证券投资界传阅、议论的对象。由于张某芳所在微信群的成员都是业内人士，他们很快意识到该消息涉及泄露内幕信息，纷纷退圈以撇清关系。6月11日，丽珠集团发布公告称将延后推出股权激励计划，股票市场复牌。6月12日，丽珠集团董事会秘书李某才提交书面辞职报告。当日，丽珠集团复牌后，股价一度下跌4%，收盘报48.95元，跌0.31%。2015年7月27日，证监会以泄露内幕信息违反《证券法》规定为由对李某才和张某芳进行处罚，对李某才罚款10万元，张某芳罚款20万元。社交软件的广泛应用使信息从点到面传播，然而人类对社交软件信息传播的认识远远落后于技术发展，网络空间的道德规范、法律约束等等都没有及时跟上人类在网络空间里的需求。单从传播内幕信息角度讲，当前我国对利用社交软件传播和利用内幕信息的法律认定就处于空白，本事件中虽然能很清晰的认定张某芳确实泄露了内幕信息，但是微信群里的成员在群发信息的时间点之后，一旦购买了丽珠集团的股票，该行为如何进行法律认定，当前的法律中还没有相关的规定。从整体看该微信群泄露事件，防控信息技术传播内幕信息的根本出发点还是在于人为主观的因素。

第二节　我国证券市场内幕信息泄露案件暴露的问题

通过前文对我国证券市场近年来发生的内幕信息泄露案件及现状的分析，不难看出，目前我国证券市场内幕信息管理方面存在如下问题：

一、泄密主体保密意识不强

心理因素是驱动内幕信息泄露最常见的动因，对利益的极度贪婪和逃避法律制裁的侥幸心理，使得他们罔顾社会公德和职业道德的约束，为攫取巨额财富，频频造成泄露内幕信息的违法行为发生。一方面，对利益的贪婪是人的本性。随着市场经济的确立，市场经济强化人性自私自利的弊端日益凸显。众所周知，利用内幕信息可以获取巨额的股票资产收益，"人生而有好利"，掌握内幕信息的人在巨大利益面前难掩贪婪的本性，其自我约束能力伴随金钱的腐蚀会越来越差，已很难再坚守道德和信仰的底线。面对巨大暴利，掌握内幕信息的人蠢蠢欲动，意欲寻找买方将内幕信息换取利益，而如今，一些证券机构、资本大户及私募基金纷纷等将利用内幕信息获取巨大利益作为一种商业经营的手段，开始四处打探、利益诱导来获取卖方的内幕信息，这样卖方和买方两者一拍即合，内幕信息便在转瞬之间被泄露。另一方面，侥幸心理容易使人产生盲目的自信。随着证券业的发展，很多上市公司高管及证券从业人员等会存在一个对证券业逐渐从陌生到熟悉再到驾驭的过程，经过这个过程历练的人很快会发现，泄露内幕信息这种罪行存在违法手段隐蔽难、取证难，及法律法规对罪行认定的条文更新完善不及时的特点，因此很多浸淫证券市场的老人往往产生泄露内幕信息的侥幸心理。凭借着对自己多年的从业经验和人生事业成功的自信，这种侥幸心理被无限放大形成盲目自信，从而以身试法。例如中信证券张某芳"泄密门"事件，可以算是中国证券史上第一个利用互联网通信工具——微信群泄密案例。当前网络通信技术爆炸式发展，消息传播日趋便利、快捷、隐蔽，这也倒逼着让我们不得不去面对它所带来的查处、取证难的问题。如果解决不好这个难题，不能抓住网络信息传播的规律来制约和缩小空间，那么必然致使更多的人产生违法的侥幸心理，不断利用新技术泄露内幕信息。

此外，从泄密主体方面来说，上市公司在内幕信息酝酿期间的保密性不强，容易产生无意识泄露。比如在杭萧钢构案中，据证监会对杭萧钢构的行政处罚书上显示，在安哥拉项目的洽谈期间，该公司主要领导、公司设计部、投标办、市场营销部和法务部等十多人参与谈判。可见，公司从一开始就没有做好内幕信息的保密工作，参与人数身份复杂，给信息泄露带来极大风险。到底陈某兴从何处得知项目信息，使其捕风捉影以致最终找到罗某峰来确认该信息，证监会以及法院并没有披露，但是这不能排除有该公司保密工作的疏漏的责任。这一点需要认真反思，上市公司必须严格执行《公司法》中关于商业机密的保密条款的要求。同时，法律监管在量刑定罪方面存在漏洞，致使法定内幕信息知悉人容易产生规避处罚性主观故意泄露。我国现有法律框架下，泄露内幕信息罪与内幕交易罪是单独并行的。一方面，内幕交易罪的成立必须有证据证明有利用内幕信息买卖证券的故意和行为。尽管在理论上，有些学者认为内幕交易罪的内涵应包括买卖、建议、泄露三种行为模式，但在司法实践中，却只包括了买卖行为[73]。另一方面，泄露内幕信息罪在司法实践中存在监管难、取证难、定罪标准不一的情形，对于熟知证券市场的人士只要采取的措施得当，想要规避内幕交易罪、毁灭泄露内幕信息的证据，也是存在很大可能的。综合观察案件本身，法律对罪行的设定漏洞，使违法人保密意识不强，产生主观犯罪的故意，即使泄露内幕信息没有获利目的，也必然会有更多的人利用这个漏洞以身试法，因此，司法部门必须认真反思，及时修订法律，严堵漏洞。

二、公司治理存在缺陷

虽然很多公司出台的涉及内幕信息的管理制度，甚至比证券会要求更加严格、详细，但是每一起内幕信息泄露案，依然都离不开上市公司高管参与的源头腐败，如"杭萧钢构案"中董事长单某木在公司年会上违法公布项目消息、"董某青案"中时任广发证券总裁的董某青直接参与内幕消息的形成和泄密、在"泄密门"事件后主动辞职的丽珠集团董事会秘书李某才亦难以置身事外。可见，公司治理中存在着严重缺陷，上市公司对董事、监事、高级管理人员等缺乏有效的内部控制，内幕信息披露不完整、不及时，是诱发内幕信息泄露的直接动因。

　　首先，我国上市公司缺乏内部控制的有效机制。如果一个公司的内部控制机制非常有效，公司控制内幕信息的严密性非常高，那么会极大降低内幕信息泄露的可能；反之，则会强化内幕信息泄露的可能。我国上市公司的内部控制一直存在很多弊病，例如一股独大或股权高度集中、公司董事任命缺乏独立性、大股东控制公司侵占中小股东利益等等，这些弊病严重影响了内幕信息的透明程度，因为内幕信息对大股东的利益影响巨大，大股东不可能不去左右内幕信息的形成和披露。除了大股东之外，公司治理内部控制存在的缺陷，还表现在公司内部缺乏对高管的权力约束。我国上市公司发展时间相对短，公司核心领导人物对公司决策的影响力巨大，尤其在董某青案中我们就可以看出，广大证券借壳上市是由董某青全程参与制定决策的，这种高管权力得不到有效约束，极易造成权力腐败。目前，我国上市公司的公司治理结构正朝着三权分立、有效制衡的方面转变，这还有一段漫长的路要走，只有加强上市公司治理的内部有效控制，形成公司所有权、控制权及经营权的有效分离，相互制衡的机制，才能从根本上堵住上市公司内幕信息泄露的源头。

　　其次，上市公司高管利用内幕信息"寻租"。证券市场的参与者对获取信息是不公平的，而上市公司高管在信息流通上始终处于优势地位，这是普通投资者远不能企及的，再加上当前我国证监会、上海及深圳交易所对内幕信息披露的内容标准、格式范式以及监管范式各有不同，导致上市公司高管在利用内幕信息方面拥有"寻租"空间。上市公司在披露内幕信息时理应按照法律公开、透明、完整、及时地进行，然而监管部门没有一套统一的披露范式，导致上市公司披露内幕信息的途径和方式五花八门，披露内容也是避重就轻、不完整、不及时，甚至还有虚假信息，这一点在杭萧钢构案的内幕信息披露过程中可以展现。内幕信息披露不完整、不及时，对市场的刺激也会不同，这些不同刺激之中存在的巨大利益，是上市公司高管操控信息的披露，利用内幕信息寻租的直接驱动。在中信泄密门事件中，丽珠集团董事会秘书李某才的突然辞职，暴露出一些上市公司的高管和证券分析师之间的"灰色"利益输送现象，上市公司高管利用内幕信息对股价波动的效应，有时隐藏一些不利信息，有时提前泄露一些有利信息，故意操纵股价，影响股东们对董事会的态度，来稳固自己的职场地位，公司高管和证券分析师相互勾结，沆瀣一气，严重扰乱证券市场秩序。

最后，内幕信息披露不及时、不规范，给泄露内幕信息行为留下可乘之机。市场上的众多投资者，他们的证券知识水平、理解力良莠不齐，即使在上市公司及时、规范情况下披露内幕信息，投资者对其理解都不尽相同，更何况杭萧钢构在披露内幕信息时遮遮掩掩，甚至还有"误导性陈述"，更加剧了投资者之间的信息不对称和不对等。双方还未签合同，公司董事长单某木便私自在表彰大会上泄露信息，紧接着股价连续两天涨停，即使在上海证券交易所质询之下，杭萧公司还是晚了两天才对外披露境外合同项目。另外，在2007年3月13日披露的信息中，也仅是中基公司与安哥拉政府已经签署合同的信息，并没有强调杭萧公司已经确认过原始合同。杭萧公司对外披露内幕信息不及时、不规范的行为，引来大量资金进入市场推高股价，不严谨的3月13日公告更是推波助澜加剧股价波动。不及时、不规范的披露内幕信息其实是内幕信息泄露的"变种"形式，不法分子利用时间差和信息漏洞，非法探取内幕信息，上市公司必须严格遵守《证券法》，及时、规范、合法的披露内幕信息，不在信息披露过程中给内幕信息泄露留下机会。

三、法律的威慑力不足

虽然近年来查处内幕信息泄露的案例不断增加，但是我国证券市场的法律监管体系还存在以下问题：一是监管主体缺位。我国证监会并不具备立法权、司法权和独立执法权，在我国内幕交易的法律监管体系中仅仅作为主司宏观管理职能的行政机构，在法律法规的框架引导下履行职责，实际上仅是法律的执行者。尽管在证监会职能中有一项"负责组织拟订有关证券市场的法律、法规草案"，但也只是作为证券市场的实际管理机构为立法提供依据和建议，并没有立法权。因此可以说，在我国现行的内幕交易法律监管体系下，存在一定程度的法律监管主体缺失，法定监管主体和实际监管主体错位。一般的内幕信息泄露由证监会审理，仅作行政处罚；情节严重的呈送公安机关审查，由法院判决。但是公安机关的审查通常通过证监会执法稽查队配合完成，关于内幕信息泄露的事实和事项认定由证监会完成，法院基于此的判决结果实际上是依照证监会的审查，而证监会的审查决定又以其出台的有关内幕信息泄露、内幕交易监管的行政条例为主要依据，也就是说司法审判结果的实质引导是行政条例，法律在其中没有充分发挥作用。造成这个现象的原因，一方面在于内幕信息泄露、内幕交易监管的专业性极强，需要业内人员参与；另一方面，也在于我国关于证券立法的进程缓慢，已出台的法律法规难以紧跟现实中证券违法的节奏，只能由相对而言更接近市场的证监会行政指导条例作为补充。二是民事法律责任制度不完善。民事法律责任制度是内幕信息泄露的法律监管一种有力武器，是鼓励投资者人向内幕信息泄露宣战的最好制度。建立并强化内幕信息泄露的民事责任，是当今国外内幕信息泄露监管立法的一大趋势。我国现行《证券法》相对以前的旧《证券法》在民事责任方面规定已经有了很大进步，但是刑事责任和行政责任仍然是证券法律体系中的核心，民事责任更像是一个补充规定，没有系统而又明确的规定。我国现行《证券法》仅在该法第202条笼统地规定了，内幕信息泄露、内幕交易行为给投资者造成损失的，行为人应当依法承担赔偿责任。但向谁赔偿，如何赔偿，赔偿额计算方法等均无规定。民事责任的制度的不完善，已经给我国证券市场带来了消极的影响，由于无成文法的明确规定，内幕信息泄露、内幕交易的受害者对怎么样寻求自我保护感到茫然，实践中出现了法院拒绝受理内幕信息泄露受害者起诉的现象，形成了违法者快、受害者痛的局面，必然导致广大投资者对证券法的疏远。三是自律监管体系的缺失。自律型管理也是证券市场监管中必不可少的部分，它作为证券监管中的内部监管能更有效地防止内幕信息泄露的发生。我国证券市场中的自律性组织主要是沪、深证券交易所和中国证券业协会，但是并没有完整的自律监管体系。这些自律性组织都没有发挥出其应有的自律型监管作用。原因主要在于，不论是证券交易所还是证券业协会都以政府为主导，它们的自律型监管职能与证监会的监管职能相交叉，没有明确的界定，证监会的行政监管干预了自律型监管的部分，使得它们的监管职能变得薄弱，主要职责变成了对市场投资者的服务和引导，失去了其自律型监管的作用。四是信息披露制度不完善。内幕信息泄露的发生有一个极为重要的原因就是信息不对称，内幕信息的知情者可以利用通过各种手段获得的未公开市场信息提前做好进入或者退出市场的决定，以达到他们利益最大化的目的，而大多数的投资者只能在市场信息公开以后再做出相应的决定，这种信息滞后的时间差已经严重违反证券市场公平的原则，也充分显现出了我国现行的信息披露制度还很不完善，缺乏及时性，而我国证券市场的信息公开缺乏真实性、透明性等问题也非常明显。五是民众监督制度的缺乏。无论国家的监管还是社会组织的自律，都是自上而下的一种管理。而广大投资者不仅置身股市并对股市情况有直接的了解和切身的感受，而且人数众多，如果充分依靠广大投资者实行监督，会产生意想不到的巨大效果。

加强法律监管对打击内幕信息泄露是最有效的手段，也是约束内幕主体行为的最具强制力的方式。我国法律法规在监管内幕信息方面还存在很多问题，如萧杭钢构案中处罚力度太小无法足以震慑违法行为人、董某青案中法律对内幕信息形成时间的界定不清给了董某青试图脱罪的狡辩词，还有中信证券泄密门事件暴露出的我国法律更新的滞后性等等。法律监管是保护内幕信息合法、及时披露，维护中小投资者的武器，这一武器的失灵，必然带来证券市场的混乱和无序。

下面将从立法和执法两个方面分析我国法律监管存在的问题。在立法方面，我国法律存在四个方面的问题：一是内幕信息重大性的标准存在模糊。《证券法》规定，内幕信息是对证券的市场价格有重大影响的尚未公开的信息，但是这个"有重大"到底如何界定，没有给出标准，在实际案件调查时难以根据违法人获知的内幕信息影响有多重要而判罪。二是内幕信息成立的时间界定不清。上市公司在经营决策中形成的信息变成内幕信息是一个过程，法律目前对内幕信息的形成还没有明确的规定，这里面就存在一个合法与非法的时间差，也给违法分子诡辩的理由和逃避法律制裁的期望，如董某青案中内幕信息形成时间的界定，一直是学术界争论的焦点。三是量刑定罪的规定存在漏洞。我国法律施行泄露内幕信息罪和内幕交易罪的分别处罚，两罪处罚力度不同，前者小，后者重，一些违法分子规避了内幕交易罪，只涉及泄露内幕信息罪，这个量刑定罪的漏洞，使得法律的威慑力度大大消减。四是法律规定的更新滞后。在大多数情况下，人类对事物的认识是滞后于事物发展的速度的。时代的发展往往快于法律制度的更新，在中信证券泄密门事件中如何界定通过通信工具在非正式场合泄露内幕信息，是一个值得深入研究的问题。

在执法方面，我国法律也存在着许多问题。首先是监管的滞后性。我国的证券监管机构行动屡屡迟缓，往往在泄露内幕信息事件都被新闻媒体报道之后才进入调查和取证，既提高了取证难度也加大了破案的成本。其次，违法处罚力度小，震慑力度不够。从本章分析的案例看出，泄露内幕信息的违法成本很小，相对于通过内幕交易获取的巨额利润，几乎微不足道。虽然泄露内幕消息会影响其工作并损害个人声誉造成职业道德的沦丧，但是面对如此高的成本收益比率，欲望很容易战胜理性。法律不仅具有强制力，还具有震慑作用，只有对泄密者进行重罚，才有可能堵住泄密的源头。最后，监管机构执法标准不一、不透明。近些年来我国证券监管部门由于长期存在监管内幕信息泄露过程不透明、不公开，监管标准不统一的现象，导致公信力逐渐减弱，这也是导致泄露内幕信息的行为猖獗的一个原因。我国证券监管部门应该主动坚持监管标准、过程及结果"三公开"，呼吁全民监督，形成政府和投资者监管的合力，才能有效制约泄密行为的发生。

此外，法律监管层面来说，证监会监管不严、惩处力度不够，远不足以使上市公司高管对内幕信息泄露罪产生忌惮。杭萧钢构一案中公司董事长单某木等公司高管其实也涉及内幕信息泄露，但是最后证监会对其仅是罚款10万、20万、40万元不等的处罚①，主要责任人罗某峰证监会罚了10万元，法院判处有期徒刑一年零六个月。从处罚程度上来说，内幕信息泄露罪的违法成本是很低的，远不足以使涉事者产生畏惧，这些处罚对上市公司高管来说只是九牛一毛，即使对罗某峰判处一年零六个月的有期徒刑，也是不重的处罚。内幕信息泄露会给广大投资者带来巨额损失，对违法的从轻处罚无益于弥补投资者对市场公平的失望，证监会必须加大惩处力度，执法必严，违法重纠，使上市高管不得触碰内幕信息泄露的"高压线"。在具体案件中，法律监管对内幕信息形成法理认定与实践认识有冲突。董某青案件中，董某青在法庭上抗辩的最大立足点是内幕信息形成的确定性。对于内幕信息形成时间，被告人、检察

---

① 中国证监会行政处罚决定书（杭萧钢构及单某木等人）证监罚字〔2007〕16号，载于中国证监会网站，http://www.csrc.gov.cn/pub/zjhpublic/G00306212/200804/t20080418_14210.htm，最后登录时间：2014年8月5日。

院、证监会三方均有不同的标准：检察院指控时间是2006年2月起，理由是在"无壳"阶段，董某青在主观和客观上都已经认定将延边公路作为广发证券的"壳"；证监会认定时间是2006年5月10日，即广发证券确定公司借壳上市方案时间；被告人董某青认为时间是2006年6月2日，因为内幕信息具有确定性，借壳上市方案必须经过广发证券和公司股东一致同意并向证监会汇报，才能最终确定内幕信息形成。内幕信息形成时间的标准并不是唯一的，因为内幕信息的形成是本就是一个动态的过程，必须具体案例具体分析，法律最终采信了证监会对该案内幕信息形成时间的认定意见，因为广发证券确定了借壳延边公路上市方案，已经具备了会对延边公路的股价带来直接的深刻影响的条件，至于征求股东同意并报证监会而使内幕信息获得"确定性"，只是对内幕信息真实性的加强。法理认定和实践认识的冲突给了董某青可以抗辩的理由，也使他拥有冒险脱罪的侥幸心理。最后，法律监管层面对通过互联网途径泄密的认定及处罚，未及时完善。张某芳泄密事件起源于微信朋友圈，这就不得不考虑防控利用现代通信技术传播内幕信息的问题。信息技术如此发达给传播信息带来极大便利，也给防控内幕信息泄露带来极大的技术难题，除了微信群、朋友圈，还有很多的手段和方式来泄密，尤其是QQ等网络社交软件。这些仅仅是内幕信息传播的载体，完善法律、管住人才是首先要做的，而不是纠结于高科技通信手段带来的防控困难。

第三章

上市公司内幕信息泄露动因的理论研究

——基于犯罪经济学视角

内幕交易行为和内幕信息泄露行为经常同时发生[①]，学术界倾向于将两者的研究合二为一。作为世界范围内公认的违法行为，内幕信息泄露尚未在理论上纳入犯罪经济学的分析框架。犯罪经济学是用经济学的原理和经济分析方法研究影响犯罪行为的各种因素及如何预防犯罪的学科。犯罪行为也存在收益和成本，个体会进行综合的权衡，并遵循期望效用最大化原则来选择是否实施犯罪，只有当犯罪行为的收益大于成本时，犯罪行为才会发生。犯罪经济学的研究核心是犯罪成本与犯罪收益的比较，目标是成本最小化或者收益最大化。

本章将以现有的内幕信息交易研究成果以及犯罪经济学作为研究基础，从内幕信息泄露的行为主体出发，结合心理学和社会

---

① 我国也将两者犯罪行为统一定为"内幕交易、泄密内幕信息罪"。

学的研究方法，研究行为主体泄露内幕信息的决策过程，并提出事前防范、事中监控和事后惩罚相结合的防范思路，以期丰富内幕信息泄露及犯罪经济学的理论研究。

本章关于内幕信息泄露动因的理论研究的创新之处在于：第一，基于犯罪经济学的理论基础，从内幕信息泄露行为主体的角度出发，用成本-收益分析法来分析泄露内幕信息这一具体违法行为，研究内幕信息泄露的行为动机和选择策略，进而从新的视角解释证券市场参与者为何泄露内幕信息；第二，基于内幕信息泄露主体专业性强的特点，考虑到"安诺其"[①]"海星科技"[②]等案件中心理因素对行为主体泄密的重要影响，本章将心理学与经济学相结合，把对行为主体的心理分析动态模型化，进而动态地分析泄密行为主体的心理变化，从心理建设层面提出事前防范泄露内幕信息行为的对策建议；第三，鉴于举报和调查取证泄露内幕信息行为存在诸多困难，本书在成本-收益模型中引入新变量——上市公司治理结构完善程度，旨在从事前防范角度分析公

---

① 案件信息来源于：侥幸心理不可取，内幕交易难逃法律制裁.中国证券报，2014-09-30。该案中，罗某某因为与安诺其法人股东上海嘉兆投资管理有限公司的实际控制人徐某非常熟悉，从徐某处获悉安诺其正在收购湖北一家公司，在此信息公布前买入大量股票，获得巨额收益。

② 案件信息来源于：新华网http://news.xinhuanet.com/fortune/2010-09/13/c_12548550.htm。该案中，况某电话中与人谈论借壳上市，其妻子听到此消息，大致推断出格力地产想借壳海星科技上市。她将此消息泄露给别人，并利用他人的账户买卖股票。

司治理结构对行为主体违法选择的影响，并据此提出阻止内幕信息泄露的事前防范措施，从而促进我国证券市场健康发展。

第一节　犯罪经济学的理论基础

一、犯罪经济学的基本概念

犯罪经济学结合经济学的原理和经济分析方法，研究和分析经济利益因素与犯罪人的意识相互作用的规律以及预防、控制犯罪的对策理论的新兴学科。犯罪经济学从经济收益的角度出发，综合运用最大化假定、理性、成本等经济学的概念和判断方法对犯罪的产生原因、运行过程、社会危害等进行分析，并进而寻求实现社会效益最大化的犯罪控制策略。

二、犯罪经济学的主要内容

对于犯罪行为人来说，犯罪经济学的主要是利用经济学观点对犯罪产生和发展原因进行个体分析，认为犯罪产生的主要原因是犯罪人因实施犯罪所得到的收益大于其为犯罪所投入的成本。行为人之所以犯罪，在于行为人是理性的，是精于计算的收益最大化者，在其权衡犯罪所得大于因犯罪可能导致遭受诸惩罚的损失后，追求利益的动机刺激其实施犯罪。也就是说，犯罪产生和存在主要原因在于利益的激励。广义上讲，犯罪的成本一是犯罪活动使社会付出的成本代价，主要指犯罪行为对社会造成的危害和团体及私人为避免犯罪的侵害所进行的花费，此外还包括犯罪个体为了实施犯罪所进行的投入，二是因逮捕拘押并判罪过程而产生的成本。狭义上讲，犯罪的成本指犯罪的行为人为了实施犯罪而支付的成本代价。由犯罪的直接成本、犯罪的时间机会成本和犯罪的惩罚成本三部分构成。直接成本，即犯罪人在犯罪过程中直接投入的人力和物力。犯罪的时间机会成本是指由于犯罪人的花费部分时间用于犯罪，这样通过合法活动谋利的时间就会减少，因此自动放弃的经济活动可能产生的收益即为犯罪的时间机会成本。惩罚成本，是一种或然性的成本，即违法犯罪被司法机关侦破并判处刑罚对犯罪人所造成的生命、自由和财产等方面的损失。狭义的犯罪成本和犯罪的收益相对应，犯罪的收益仅是针对犯罪者个体而言，是指犯罪人从犯罪中所得到的利益。简单地说，当犯罪的收益大于犯罪成本的时候，犯罪人就会从事犯罪行为。

第二节　泄露内幕信息的决策模型

目前，我国还没有法律对内幕信息泄露进行专门的司法解释，而是把内幕交易和内幕信息泄露放在一起加以说明。根据我国刑法第180条的规定，内幕交易、泄露内幕信息罪是指证券、期货交易内幕信息的知情人员或者非法获取证券、期货交易内幕信息的人员，在涉及证券的发行，证券、期货交易或者其他对证券、期货交易价格有重大影响的信息尚未公开前，买入或者卖出证券，或者从事与该内幕信息有关的期货交易，或者泄露该信息，情节严重的行为。虽然目前的法律对二者没有严格的区分，但是必须看到二者是有区别的，比如内幕交易的行为主体通常不会泄露内幕信息，因为信息一旦被公开，其掌握的信息优势就降低了，实施内幕交易的获利空间急剧收缩；而泄露内幕信息的行为主体通常是泄露信息，但自己不亲自从事内幕交易。这种不同犯罪未得到严格区分的现象是由于当前法律制度不完善造成的。而我们对内幕信息泄露的特点研究，还可以对将来法律规范的完善进行一些前瞻性的理论探索。

本章将犯罪经济学的分析模型应用于内幕信息泄露这一具体违法犯罪行为。具体而言，就是把泄露内幕信息的收益和成本看作其用于泄密的时间的函数①，在此基础上分析非法泄密的收益函数和成本函数，得出泄密的净收益函数；在净收益最大化的目标下，分析理性的行为主体对选择参与泄露内幕信息的决策问题。

---

① 之所以选择时间作为自变量，是我们类比了工资以时间作为衡量标准，而这个时间不是普通意义的时间，而是对应着平均劳动效率的时间，同样地，本书用的是对应着平均信息泄露量的时间。当然，现实中非法收益及成本的大小跟内幕信息来源、泄密人的工作职务等因素有关，但是这些因素大多都可以转化成时间的函数，因此本书简化地把非法泄密的成本和收益都转化为时间的函数。

一、泄露内幕信息的收益函数

1.经济性收益

泄露内幕信息能够获得的收益是驱使行为主体实施违法行为的诱因。从"黄光裕、许钟民等泄露内幕信息案"[①]、"曹某琏泄露神奇药业重组信息案"[②]等泄露内幕信息的案件来看,获取经济性收益是泄露内幕信息最一般的动因。Salter et al.在2001年通过对会计系学生的作弊行为进行研究,发现期望收益会对学生是否作弊产生重要影响[74];J.D. Beams采用了犯罪经济学的分析方法分析内幕交易行为动机,发现预期收益会对个人是否参与内幕交易行为产生显著影响[75]。另外,Paul Dunn研究发现公司治理结构较弱的公司发生违规的可能性较高[76];唐齐鸣、张云在2009年的研究发现公司治理不完善是中国股票市场发生内幕交易的根本原因之一,公司治理结构越好,信息不对称程度就越轻,内幕交易发生的概率就越低。由此,本书认为公司治理结构也会影响泄露内幕信息获得的经济性收益[77]。

本章将通过泄露信息获得的经济性收益设为是投入时间t_1的单调递增函数,表达式可以为:

---

① 案件信息来源于证监会网站http://news.xinhuanet.com/legal/2012-05/22/c_112012534.htm。

② 案件信息来源于证监会网站http://www.csrc.gov.cn/pub/zjhpublic/G00306212/201403/t20140318_245722.htm? keywords。

$$E_j(t_1, d) = at_1^3 - bt_1 d_j \qquad\qquad （3.1）$$

其中，d_j 代表上市公司（即行为主体 j 泄密的对象）治理结构的完善程度，其中，$d_j > 0$，d_j 的取值越大表示公司的治理结构越完善；a、b 均为大于1的常数；对于这个函数形式的选取，我们参照时间对于工资的影响，并在此基础之上选取三次方，以突出时间对泄密的经济收益的巨大影响。

2. 心理满足

虽然经济性收益是主体泄密的主要动因，但是并不是唯一动因。现实中不少案例的行为主体泄密并非为了自己获益，而是有意或者无意让他人获利，自己得到的可能是心理满足。"杭萧钢构"[①]和"安诺其"案件中，泄密人利用自己的职务优势，让信息受领者利用内幕信息牟利，以借此加强朋友情义。"海星科技""三爱富"[②]案件中，内幕信息的泄密人在无意中泄露信息时都没想到获知信息的人会去进行股票交易，可能只是出于炫耀的目的。Dunkelberg 和 Jessup 在对成功人士的不当行为决策动机进

---

① 案件信息来源于：http：//finance.ifeng.com/roll/20090616/795211.shtml。该案中，在对证券的价格有重大影响的信息尚未公开前，证券事务代表将内幕信息泄露给前任证券事务代表，后者再伙同他人共同买卖股票，获取巨大收益。

② 案件信息来源于：证监会公开信息http：//www.csrc.gov.cn/pub/zjhpublic/G00306212/201201/t20120105_204496.htm？keywords。该案中，岳某某通过内幕信息知情人马某间接获悉上海三爱富新材料股份有限公司重大资产重组的消息，提前进行股票交易获取收益，而马某属于过失泄露内幕信息，甚至没有想到岳某某会利用自己无意中透露的信息进行内幕交易。

行研究的六个案例中，有一个就是从事内幕交易的Dennis Levine，他从事内幕交易的主要动机就是因为他看到有同事利用内幕信息获取巨额财富且未受到惩罚，于是出于跟风攀比的心理，他也选择了从事内幕交易来获取非法利益[78]。Salter et al.的研究也发现，跟风攀比心理会对学生的作弊行为产生影响[74]。

这些案件和研究都说明，在分析泄露内幕信息行为的收益时，不仅应该考虑行为主体实施泄密行为能够获得的经济性收益，还应该考虑其在心理上的满足感。心理满足是行为主体在泄密过程中得到的刺激感和个人成就感。泄露内幕信息的行为主体多为上市公司高级管理人员、大股东，或是中介、监管机构工作人员。他们大都具有较高的文化素养，熟悉相关的法律条款和规章制度，掌握信息优势，但同时也可能带有某些消极的职业人格特征，如金钱至上的价值观，自我评价过高，对企业、投资者以及自己的工作缺乏责任感，工作压力大，攀比心理严重，偏好风险等。一些内幕信息知情人怀有侥幸心理，投机取巧，钻法律的空子，享受泄露内幕信息带来的刺激，释放压力。

因此，本章创新性地将泄露内幕信息的心理满足量化为时间的函数，表示为

$$M_j(t_1,q) = \frac{m_j}{q_j}t_1 \qquad (3.2)$$

其中，m_j代表行为主体j对心理满足的敏感程度，m_j越大，

表示行为主体对泄密带来的心理满足的敏感程度越高；q_j表示行为主体j的受教育程度[①]。

3.泄露内幕信息的总收益函数

基于以上分析，本章将泄露内幕信息的收益分为期望的经济性收益和心理满足两部分。将（3.1）式和（3.2）式相加，则可以得到泄露内幕信息的总收益函数：

$$R_j = E_j + M_j = at_1^3 - bt_1d_j + \frac{m_j}{q_j}t_1 \qquad (3.3)$$

其中，a、b均为大于1的常数，d_j代表上市公司（即行为主体j泄密的对象）治理结构的完善程度，m_j代表行为主体j对心理满足的敏感程度，q_j表示行为主体j的受教育程度。

二、泄露内幕信息的成本函数

泄露内幕信息的成本对行为主体选择实施该行为构成威慑。当行为主体选择泄密，其为获取信息所投入的时间便成为泄密行为的成本，并且，一旦其行为被侦破，他不仅要面临受到法律惩治的风险，还要承受社会声誉的损失，以及内疚感。为了便于分析，本书将泄露内幕信息的成本分为作案成本，法律惩罚成本和心理成本。

---

① 心理满足的函数形式本书选取以 $\frac{m_j}{q_j}$ 为系数，是基于以下考虑，若 m_j 和q为线性关系则忽视了两只之间的互相影响作用；若为指数的关系则过于复杂，不利于分析；且考虑到一般来说，受教育程度越高，其道德约束感越强，其获得的心理满足越小，故本书采取以上形式。

1. 作案成本

泄露内幕信息的作案成本是指行为主体为获取内幕信息要付出的成本。Becker将作案工具的购买、作案准备时间等作为构成违法的直接成本来研究违法活动[29]。由于不同类型违法的作案成本相差甚远，将作案成本标准模型化较困难。宋晓明通过问卷调查，利用违法人对违法难度的认识这个指标来分析违法的作案成本，发现不同种类的违法人对作案成本的认识是不一样的[79]。考虑到泄露内幕信息的违法活动的主体专业性强，可知要想获取内幕信息，行为主体在公司不仅要具有一定的职权，还要投入一定的时间。几乎所有的内幕信息案件中，泄密主体都参与到内幕信息形成的活动当中，如参与分析研讨会议、尽职调查等活动。此外，行为主体投入的成本还受公司的治理结构的影响。公司治理结构越好，行为主体为将内幕信息泄露出去需要花费的精力越多。

基于此，本章将泄露内幕信息的间接成本函数表示成

$$C_{1j} = cd_jt_1 \qquad\qquad (3.4)$$

其中，c是大于0的常数①。

2. 泄露内幕信息的法律惩罚成本

泄露内幕信息的法律惩罚成本对行为主体选择泄露内幕信

---

① 非常的大，因为从水平层面来看，泄密行为主体从入行，到掌握内幕信息并且敢泄露需要花费相当长的时间，我们把这个因素融入到c中，c就应该非常的大。

息的行为构成直接威慑。该成本分为三部分：一是确定性。惩罚泄露内幕信息行为的确定性是指行为主体实施该行为之后受到国家刑事司法机关惩罚的概率。这个概率表示实施该违法行为所面临的风险，概率越大风险越大。二是严厉性。惩罚泄露内幕信息行为的严厉性指受到惩罚的严厉程度，如罚金、限制资格、监禁等。不同的惩罚方式带给行为主体的成本是不同的。罚金使行为主体损失金钱，资格限制则影响了未来行为主体在该行业中的就业和合法收入，监禁则使行为主体在监禁期间丧失获得收入的可能。三是及时性。惩罚泄露内幕信息行为的的及时性指行为主体实施该违法行为到被惩罚的时间差。该时间差越小，体现的违法成本就越大。各国刑法都有追诉时效的规定，当该时间差超过刑法规定的追诉时效期间时，一般就不再定罪了。"惩罚违法的惩罚越是迅速和及时，就越是公正和有益的"[80]。Mason和Calvin的研究证明法律惩罚的确定性、严厉性对制止违法活动有正向作用[42]；Davis则发现惩罚的及时性会对违法决策产生影响[31]。Scott和Grasmick[36]研究发现，期望收益与威慑变量的交互项对违法行为有显著影响。

基于此，结合现行法律和现实案件中泄露内幕信息获得的收益越高，被惩罚的力度就越大的情况，本章综合考虑法律惩罚的确定性、严厉性、及时性，将泄露内幕信息的直接成本表示为：

$$C_{2j} = \frac{pf(at_1^3 - bt_1 d_j)}{(1+r)^{t_2}} \qquad （3.5）$$

其中，p 是行为主体实施该行为之后受到国家刑事司法机关惩罚的概率，表示惩罚的确定性；f 是单次违法泄露内幕信息所需承担的惩罚，表示惩罚的严厉性；$\frac{1}{(1+r)^{t_2}}$ 表示惩罚的及时性，其中 r 为贴现率，t_2 为行为主体实施该违法行为到被惩罚的时间间隔；$\frac{pf}{(1+r)^{t_2}}$ 与 $(at_1^3 - bt_1 d_j)$ 的乘积则表示泄密获得的非法收益影响其被发现后将承担的法律惩罚。

3．泄露内幕信息的心理成本

泄露内幕信息的心理成本是指行为主体的泄密活动被发现后社会声誉的损失和内疚感。社会声誉与个人对名声的重视程度、社会地位、惩罚的严厉程度、社会宽容度有关。泄密活动一旦被查处，行为主体的社会声誉蒙上污点，这可能会影响其之后的工作及社会关系。内疚感则与行为主体的道德观、对法律的认同感有关。Tittle 的研究证明，对于个人的违法行为来说，来自内疚感和社会声誉的惩罚比法律惩罚更有威慑力[81]。Grasmick 和 Green 也发现内疚感对违法行为具有明显的抑制作用[82]。Scott 和 Grasmick 研究发现，相比法律惩罚和社会声誉，内疚感对违法行为的威慑力更强[36]。

本章将泄露内幕信息的心里间接成本函数表示成：

$$C_{3j} = k_j w_j t_1 + n_j q_j t_1 \qquad （3.6）$$

其中，k_j 是行为主体 j 对社会声誉的重视程度，k_j 越大，表示

行为主体 j 越重视社会声誉；w_j 是行为主体的合法收入，可以作为社会地位的衡量，即收入越高，社会地位越高，违法对声誉的损害越大；n_j 是行为主体 j 的内疚感程度，n_j 越大，表示行为主体 j 在泄密后的内疚感越强。（3.6）式分为独立的两个部分：社会声誉和内疚感。对社会声誉，我们以 $k_j w_j$ 为系数，度量的是由客观的社会声誉到主体自身关于声誉损失的感受；对于内疚感，将 $n_j q$ 作为系数，度量出主体的内疚感程度。前半部分 $k_j w_j t_1$ 是间接成本中的社会声誉，$n_j q t_1$ 是内疚感。

4. 泄露内幕信息的总成本

将（3.4）式、（3.5）式和（3.6）式相加，得到泄露内幕信息的总成本（直接成本和间接成本）函数可以写成：

$$C_j = C_{1j} + C_{2j} + C_{3j} = cd_j t_1 + \frac{pf(at_1^3 - bt_1 d_j)}{(1+r)^{t_2}} + k_j w_j t_1 + n_j q_j t_1 \quad （3.7）$$

其中，a、b 均为大于1的常数，c 是大于0的常数，d_j 代表上市公司（即行为主体 j 泄密的对象）治理结构的完善程度，p 是行为主体实施该行为之后受到国家刑事司法机关惩罚的概率，f 是单次违法泄露内幕信息所需承担的惩罚，$\frac{1}{(1+r)^{t_2}}$ 表示惩罚的及时性，其中 r 为贴现率，t_2 为行为主体实施该违法行为到被惩罚的时间间隔；k_j 是行为主体 j 对社会声誉的重视程度，w_j 是行为主体的合法收入，n_j 是行为主体 j 的内疚感程度，q_j 表示行为主体 j 的受教育程度。

三、泄露内幕信息的成本-收益决策模型

结合（3.3）式和（3.7）式，可以得到行为主体 j 泄露内幕信息行为的成本收益模型，行为主体 j 在进行内幕信息泄露行为时的净收益函数可以表示为：

$$
\begin{aligned}
TNR_j &= R_j - C_j \\
&= at_1^3 - bt_1d_j + \frac{m_j}{q_j}t_1 - \left[cd_jt_1 + \frac{pf(at_1^3 - bt_1d_j)}{(1+r)^{t_2}} + k_jw_jt_1 + n_jq_jt_1\right] \\
&= a\left[1 - \frac{pf}{(1+r)^{t_2}}\right]t_1^3 + \left(\frac{m_j}{q_j} + \frac{pfbd_j}{(1+r)^{t_2}} - bd_j - cd_j - k_jw_j - n_jq_j\right)t_1
\end{aligned}
\tag{3.8}
$$

（3.8）式对 t_1 求一阶导数，可以得到：

$$
\frac{\partial TNR_j}{\partial t_1} = 3a\left[1 - \frac{pf}{(1+r)^{t_2}}\right]t_1^2 + \left(\frac{m_j}{q_j} + \frac{pfbd_j}{(1+r)^{t_2}} - bd_j - cd_j - k_jw_j - n_jq_j\right)
\tag{3.9}
$$

令一阶导数为0，则有 $\dfrac{\partial TNR_j}{\partial t_1} = 0$，于是（3.9）式可以写成，

$$
At_1^2 + B = 0 \tag{3.10}
$$

其中，$A = 3a\left[1 - \dfrac{pf}{(1+r)^{t_2}}\right]$，$B = \dfrac{m_j}{q_j} + \dfrac{pfbd_j}{(1+r)^{t_2}} - bd_j - cd_j - k_jw_j - n_jq_j$

对于（3.10）式，我们要考虑两个层次的问题：一是是否有解？即行为主体是否会花费时间在泄密内幕信息上？二是如果有解的话，解的大小又由什么因素决定？解的大小也就代表着行为主体在泄露内幕信息这项活动上花费的时间长短。因此，我们需要对（3.10）式解的情况进行分情况分析。公式（3.10）可以分为四种情况，但是 $A > 0$ 时，即 $\dfrac{pf}{(1+r)^{t_2}} < 1$，表示的法律的确定性、及时性和惩罚性都很差，在此种环境下关注的重点也不再是行为

主体为何泄密，而是应该研究如何加强法律的立法和执法。因此，本书只考虑在法律环境相对较好的情况下，如何抑制内幕信息泄露，重点分析$A < 0$的两种情况。

1. 行为主体不会进行泄露内幕信息的情况

如果 $A < 0$，$B < 0$，则（3.10）式无解。从经济学上解释，$A < 0$，$B < 0$ 的条件意味着社会的法制环境很好，公司治理程度较高和行为人的修养很好的整体社会环境，在这样的条件下，行为主体就不会选择泄露内幕信息。这可以看成一种理想中的社会情况，在这种完美的情况下，行为主体自然不会从事违法行为。

具体的指标可以解释为，行为人不泄露内幕信息的条件为：（1）社会的法制环境很好，主要表现在惩罚的确定性指标（即泄密后被司法机关惩罚的概率 P）和刑法的严厉性指标（泄密后所承担的惩罚）都很大，且行为主体实施该违法行为到被惩罚的时间间隔非常的短；（2）公司治理程度很高，即代表上市公司治理结构的完善程度指标 d_i 很大；（3）行为主体的个人修养很高，即泄密后的内心满足感指标 m_i 很小，j 对社会声誉的重视程度 k_i 很大，泄密后的内疚感程度 n_i 很大。当这些条件都满足的时候，行为主体就不会选择泄露内幕信息。

但（3.10）式无解的情况比较极端，是种理想情况，那么下面我们来具体分析行为主体会从事泄露内幕信息活动的情况，也就是有解的情况。

2. 行为主体选择泄露内幕信息的情况

（3.10）式有解的情况更接近于现实生活。

当 $1-\dfrac{pf}{(1+r)^{t_2}}<0$ ，$\dfrac{m_j}{q_j}+\dfrac{pfbd_j}{(1+r)^{t_2}}-bd_j-cd_j-k_jw_j-n_jq_j>0$ 的 时候，即 $A<0, B>0$ 时，（3.10）式有解。此时最优解 t_1^* 为

$$t_1^* = \frac{\sqrt{\left(\dfrac{m_j}{q_j}+\dfrac{pfbd_j}{(1+r)^{t_2}}-bd_j-cd_j-k_jw_j-n_jq_j\right)}}{\sqrt{3a\left[\dfrac{pf}{(1+r)^{t_2}}-1\right]}}$$

$$= \sqrt{\frac{\left(\dfrac{m_j}{q_j}-bd_j-cd_j-k_jw_j-n_jq_j\right)(1+r)^{t_2}+pfbd_j}{3a\left[pf-(1+r)^{t_2}\right]}}$$

（3.11）

也就是说，行为主体将花费 t_1^* 时间用于从事泄露内幕信息活动，以使得自己获得最多的净收益[①]。

最大净收益为：

$$TNR_j(t_1^*)_{max}$$

$$= \frac{2}{3}\left[\left(\dfrac{m_j}{q_j}-bd_j-cd_j-k_jw_j-n_jq_j\right)\dfrac{pfbd_j}{(1+r)^{t_2}}\right]\sqrt{\frac{\left(\dfrac{m_j}{q_j}-bd_j-cd_j-k_jw_j-n_jq_j\right)(1+r)^{t_2}+pfbd_j}{3a\left[pf-(1+r)^{t_2}\right]}}$$

（3.12）

我们把惩罚的确定性 p 、惩罚的严厉性 f 、以及惩罚的及时

性 $\dfrac{1}{(1+r)^{t_2}}$ 这三个变量对最佳泄密时间和泄密净收益的影响看做

---

① 对 TNR_j 求二阶导数，得到：$TNR_j(t_1)'' = 6a\left[1-\dfrac{pf}{(1+r)^{t}}\right]t_1$。把（3.11）式带入其中，得到 $TNR_j(t_1)''<0$ ，验证了行为主体花 t_1^* 的时间能够使从事泄露内幕信息获得最大净收益 $TNR_j(t_1^*)$ ，即证明了 t_1^* 是从事内幕信息泄露的最优时间，此时总净收益函数存在最大值 $TNR_j(t_1^*)$ 。

国家的法律执行对其的影响因素；上市公司治理结构的完善程度 d_j、行为主体的合法薪酬 w_j 是公司层面的影响变量；行为主体对心理满足的敏感程度 m_j、行为主体的内疚感程度 n_j、行为主体对社会声誉的重视程度 k_j 是行为主体心理层面的影响因素。

将（3.11）式和（3.12）式分别对 p、f、$\dfrac{1}{(1+r)^{t_2}}$、d_j、w_j、m_j、n_j、k_j、q_j 求一阶导数，结果如下表：

表3.1　泄露内幕信息的成本收益模型的结果解释

Table 3.1 The interpretition of the cost–benefit model for insider information leakage

指标及其含义		结果	结果解释
国家法律层面	P——惩罚的确定性	$(t_1^*)' < 0$	t_1^* 对 P 呈负相关关系
		$\left[TNR(t_1^*)\right]' < 0$	$TNR(t_1^*)$ 对 P 呈负相关关系
	f——惩罚的严厉性	$(t_1^*)' < 0$	t_1^* 对 f 呈负相关关系
		$\left[TNR(t_1^*)\right]' < 0$	$TNR(t_1^*)$ 对 f 呈负相关关系
	$1/(1+r)\ t_2$——惩罚的及时性	$(t_1^*)' < 0$	t_1^* 对 $1/(1+r)^{t_2}$ 呈负相关关系
		$\left[TNR(t_1^*)\right]' < 0$	$TNR(t_1^*)$ 对 $1/(1+r)^{t_2}$ 呈负相关关系
公司层面	d_j——上市公司治理结构的完善程度	$(t_1^*)' < 0$	t_1^* 对 d 呈负相关关系
		$\left[TNR(t_1^*)\right]' < 0$	$TNR(t_1^*)$ 对 f 呈负相关关系
	w_j——行为主体的合法薪酬	$(t_1^*)' < 0$	t_1^* 对 w_j 呈负相关关系
		$\left[TNR(t_1^*)\right]' < 0$	$TNR(t_1^*)$ 对 w_j 呈负相关关系

续表

	指标及其含义	结果	结果解释
行为主体个人层面	m_j——行为主体对心理满足的心理满足程度	$(t_1^*)' > 0$	t_1^*对m_j呈正相关关系
		$\left[TNR(t_1^*)\right]' > 0$	$TNR(t_1^*)$对m_j呈正相关关系
	n_j——行为主体的内疚感程度	$(t_1^*)' < 0$	t_1^*对n_j呈负相关关系
		$\left[TNR(t_1^*)\right]' < 0$	$TNR(t_1^*)$对n_j呈负相关关系
	k_j——行为主体对社会声誉的重视程度	$(t_1^*)' < 0$	t_1^*对k_j呈负相关关系
		$\left[TNR(t_1^*)\right]' < 0$	$TNR(t_1^*)$对k_j呈负相关关系
	q_j——受教育程度	$(t_1^*)' < 0$	t_1^*对q_j呈负相关关系
		$\left[TNR(t_1^*)\right]' < 0$	$TNR(t_1^*)$对q_j呈负相关关系

第三节　结果分析和政策建议

基于上面的理论分析，本书认为内幕信息泄露的影响因素可以分为三个层面，国家法律层面、公司治理层面和个人层面（见表3.1）。

在国家法律层面：（1）法律惩罚的确定性与行为主体花费在泄露内幕信息活动上的时间和意愿呈负相关关系。国家的法律执行程度越大，行为主体实施泄密行为后受到国家刑事司法机关惩罚的概率越大，泄密的成本就越高，因此理性人愿意花费在泄密活动上的时间就越少，泄密意愿降低。（2）法律惩罚的严厉性与行为主体花费在泄露内幕信息活动上的时间和意愿呈负相关关系。法律惩罚越严厉，泄密行为的成本就越高，行为主体选择花费在泄密活动上的时间就越少，泄密意愿降低。（3）法律惩罚的及时性与行为主体花费在泄露内幕信息活动上的时间呈负相关关系。法律惩罚越及时，行为主体实施泄露内幕信息行为与被查处并惩罚的时间间隔越短，泄密行为成本的贴现值就越大，对其选择违法泄密行为倾向的阻碍作用就越大，最佳泄密时间、净收益和参与意愿相应减少。

在公司层面：（1）上市公司治理结构的完善程度与行为主体花费在泄密活动上的时间呈负相关关系。上市公司的治理结构越完善，对内外部人员的约束和监管就越多，对泄露信息的制约作用就越强，行为主体要通过泄密获取收益需要付出的直接成本就越大，预期收益越小，该因素通过对成本、收益两方面共同作用，抑制了泄密倾向。（2）行为主体的薪酬收入水平对其花费在违法泄密活动上的时间以及其犯罪意愿呈负相关关系。薪酬水平一定程度上代表了社会地位，行为主体的社会地位越高，其因泄露内幕信息被定罪之后将受到的社会声誉的损失也会越大，预期净收益越小，行为主体泄露内幕信息的动力就越小。可见，薪酬制度将通过影响泄密将要付出的间接成本，来影响行为主体选择泄密的意愿。

在行为主体的个人层面：（1）违法泄密带给行为主体的心理满足程度与其花在泄密活动上的时间、意愿呈正相关关系。行为主体对违法泄密带来的心理满足越敏感，巨额利益对其诱惑力越大，通过泄密行为能带来的预期收益就越大，对行为主体的诱因作用就越强，导致其泄密的意愿越强，愿意花费的时间也越多，获得的总收益越大。（2）行为主体对泄密活动的心理认同度与其花在泄密活动上的时间和意愿呈负相关关系。行为主体的道德观念越强，其对自己从事违法泄密活动越感到内疚，在事后可能出现的自我惩罚的作用下，泄密带来的间接成本越高，违法意愿越弱。（3）行为主体因为违法被定罪而受到的社会影响程度与其花在泄密活动上的时间以及违法意愿呈负相关关系。行为主体越爱惜声誉，其犯罪后的社会声誉损失给他带来的负效用也就越大，其内心就越不愿意冒险犯罪。（4）行为主体的受教育程度与其花在泄密活动上的时间以及违法意愿呈负相关关系。行为主体受教育程度越高，其道德修养越高，泄密给其带来的心理满足降低，心理成本增加，泄密意愿降低。

第四节　本章小结

本章研究发现，行为主体泄露内幕信息的违法行为非但单纯受到经济利益的驱使，而且与其心理和社会地位等因素密切相关。通过对三个层面影响因素的理论模型分析，本书认为国家层面的法律惩罚、公司层面上的公司治理结构的完善程度以及行为主体的工资对行为主体选择泄露内幕信息行为具有负向抑制作用；在个人层面方面，违法泄密给其带来的心理满足程度对其泄密行为选择有正向刺激作用，其对泄密活动的心理认同度、因为违法被定罪而受到的社会影响程度、受教育程度三个因素则对行为主体的行为选择有负向抑制作用。基于以上结论，本书认为要将国家法律、公司治理结构完善程度、行为主体的心理三个层面与防治内幕信息泄露的全面监管相结合，从事前防范、事中监控和事后惩处角对内幕信息泄露进行监管，才能有效抑制内幕信息泄露。

第四章
上市公司内幕信息泄露动因的实证研究

　　在瞬息万变的证券市场中，信息就意味着价值。内幕信息知悉与信息公开披露之间的时差以及内幕信息获取成本在不同群体间的差异性造成了证券市场的信息不对称，内幕信息的泄露造成的内幕交易既能带来巨大的潜在收益也会破坏证券市场的公平性，造成股票价格的异常波动，甚至引起股票市场混乱。我国《刑法》和《证券法》明文规定泄露内幕信息构成违法行为。与直接的内幕交易行为相比，内幕信息泄露行为隐蔽性更强，更不易被发现和查处。对上市公司内幕信息泄露动机的研究能够帮助我们从泄密当事人的角度了解内幕信息泄露的原因，从而更好地从源头做好事前防范和抑制措施。

　　鉴于本书的研究对象是内幕信息泄露的动机，因此我们假定内幕信息主体不会自己从事内幕交易以获取收益，而是通过泄露内幕信息获得间接收益，即内幕信息本身的价值。如果将内幕信息看作一种商品，那么内幕信息的泄露就是商品卖出的过程，特别是这种特殊商品的获取成本对内幕信息主体来说几乎为零，且自身不直接从事内幕交易的话事后不易被发现和追查，隐蔽性较强，因此泄露内幕信息将是空手套白狼似的纯获利行为，具有很大的诱惑性。

前文通过建立泄露内幕信息行为的决策模型，得到了国家法律、公司治理、泄密主体三个维度中不同因素对内幕信息泄露行为的影响。那么，这些因素中哪些因素影响最大？同一因素对接触内幕信息的不同人群的影响是否又一致呢？接下来，本章将基于前面的理论分析，通过分场景的情景测试方法，对影响我国上市公司内幕信息泄露的各个因素进行实证分析，研究在不用群体中各因素的具体影响程度。重点考察的就是内幕信息主体在做出是否将内幕信息泄露给其他人的选择的过程中对各种诱惑因素和威胁约束因素给予的考虑权重，这些因素又是通过怎样的相互作用导致了最终的选择结果。

第一节　内幕信息泄露的影响因素分析

自从亚当·斯密提出理性人的概念，这一假设便被诸多经济学理论所引用和发展，成为经济学研究中的一种重要前提。理性人假设人们都是利己主义者，是追求自身利益最大化的经济人。在理性人的假定下，是否做出泄密行为实际上是内幕信息主体综合考虑激励和抑制等各方面因素后所做出的理性选择的结果，其目的是追求自身利益的最大化，只有收益大于成本时，泄露信息行为才会发生。

针对上市公司内幕信息泄露动因的研究，国内外文献均十分缺乏。考虑到泄露内幕信息属于证券市场中的违法行为，且和内幕交易具有天然的高度相关性，因此可以借鉴这两方面动机诱因的研究结果来分析内幕信息泄露行为。由于内幕信息主体在考虑是否做出泄密行为时，是假定内幕信息的获得者完成了内幕交易并获得了收益，并以此来计算自身的期望收益，而且一旦被发现，泄密者也将承担适用于内幕交易者的惩罚后果。因此，本章借鉴内幕交易实施者行为动机的分析架构来研究内幕信息泄露的动因要素。但是，需要注意的是，内幕信息泄露者和内幕交易实施者二者的不同之处在于：一是收益来源不同，内幕交易实施者的收益直接来源于证券市场，而内幕信息泄露主体的收益来源于获得信息的内幕交易者；二是成本不同，内幕交易实施者需要参与到内幕交易的过程中并付出一定的时间和精力，并可能存在获取信息的成本，而内幕信息知情人获取信息的成本很小，且不需要付出时间和精力参与内幕交易过程。三是风险不同，由于内幕信息主体的账户受到严格的监管，而单纯出卖信息的泄密行为避免了自身的直接参与，被发现和查处的风险大大降低。影响内幕信息泄露的因素可以分为两个方面，正向的激励因素和负向的抑制因素，具体分析如下：

一、正向激励因素

对于可能诱导激励内幕信息泄露因素的研究方面，已有研究表明，主要有物质方面的激励因素和心理层面的满足感。在物质层面，内幕人员进行内幕信息泄露的主要动机是获取超额收益回报。Manne认为利用重要的内幕信息进行证券交易所获得的收益是对公司服务的内部人员最有效的补偿和奖励。薪酬不足会刺激内部知情人员的内幕信息泄露行为，公司必须支付给内部人更多的薪酬以弥补这种潜在的损失[63]。

关于心理层面的因素，李心丹等借鉴了Becker的违法行为学研究模型，将期望收益和跟风攀比作为内幕信息泄露和内幕交易行为的诱因变量构建研究模型并进行实证分析，取得显著效果[39]。Lattimore和Witte强调风险偏好对个体违法行为抉择的重要影响[38]。Salter发现跟风攀比心理对行为主体的违法抉择具有重要影响，这包括与别人的攀比和与自己过去行为的攀比[36]。江鹏认为精神激励是内幕信息泄露和交易者主要的心理特征之一，表现在自我评价过高，自以为只要手法高明，泄露内幕信息和参与内幕交易难取证、难认定[40]。

二、负向抑制因素

至于那些能够对泄露内幕信息行为产生威胁和抑制作用的因素，最重要的因素还是法律层面，内幕信息相关法律执行力度强的国家，提高了内幕信息泄露和交易的成本，内部人泄露内幕信息和内幕交易行为会明显减少。Scott和Grasmick的研究发现内疚感、社会声誉和法律惩罚对于违法行为具有显著的威慑力，且三者的威慑力依次减弱[36]。Madhavan（1996）认为及时公开的信息披露能够使股票的市场价格信息性更强；公平的信息披露能够降低股票的流动性，减少内幕信息泄露和内幕交易的发生；限制内幕信息泄露和内幕交易的相关法律执行力不足起到了反向引导作用，刺激了更多的内幕信息泄露行为[46]。

另外，还有公司治理方面的因素，治理水平高的公司能够通过良好的治理文化环境和完善的规章制度平衡各方利益并约束和防范内幕信息泄露的发生。此外，法律制度越完善，内幕信息泄露所获得的超额收益越低，在法律监管力度短期内无法做出调整的情况下，对内幕信息泄露发现概率的提升可以有效提高法律监管对内幕知情人的震慑。因此，上市公司治理结构的不完善，如内幕权力制衡和问责机制等的弱化将会提高内幕信息泄露的概率[43]-[45]。

除了法律监管、公司治理之外，虽然还没有专门的研究表明媒体监督对抑制内幕信息泄露的作用机制，但是目前已有研究表明，媒介监督对上市公司的公司治理和信息披露起到很大的影响作用[83]-[86]。因此，本书也将考虑媒体监督对于抑制内幕信息泄露的作用。

第二节　模型假设

内幕信息泄露者在实施泄密行为之前会综合考虑其成本和收益，做出能使其利益最大化的选择。泄露内幕信息的成本就是抑制变量，可以从社会、组织、个人等层面来考察，泄密的收益即诱导变量包括物质和精神两个方面。来自诱导变量的合力大于来自抑制变量的合力时，泄露内幕信息的行为才会发生。

诱导变量可以从物质上实际得到的好处和精神上的激励来考量，物质上的好处就是泄露内幕信息所能得到的金钱上的回报，也就是买卖内幕信息的净利润。由于本章所要考察的上市公司、中介机构、监管部门和圈外人员四类主体是由于自身或密切联系人的职业原因而获得内幕信息，获取成本可忽略不计，因此泄露内幕信息所得的经济上的回报即为净收益。诱导变量在精神方面的表现即精神激励，包括事后不被发现和查处的侥幸心理和自身的冒险倾向，能够从具有风险性和刺激性的行为中获得物质满足。

抑制变量包括来自社会、组织和个人三个层面的威胁约束因素。来自社会的抑制因素有法律威慑、媒体和行业监督、声誉损失，来自组织的抑制因素包括公司监管、信息披露及时性和薪酬制度，来自个人的抑制因素是指内疚感、个人法律知识和个人职业层次等可能防止内幕信息泄露行为的影响因素。

　　本章实证研究侧重于做出泄密行为前内幕信息主体的决策过程，此过程也就是内幕信息主体对各种诱导变量和抑制变量进行综合权衡的过程及其给予各因素的考虑权重。这些因素综合作用的结果表现为内幕信息知情人是否在心理上认同并在行为上做出泄露内幕信息的行为，我们把这一结果称为选择倾向。

　　基于上述分析，本章的研究架构可以用图4.1表示。

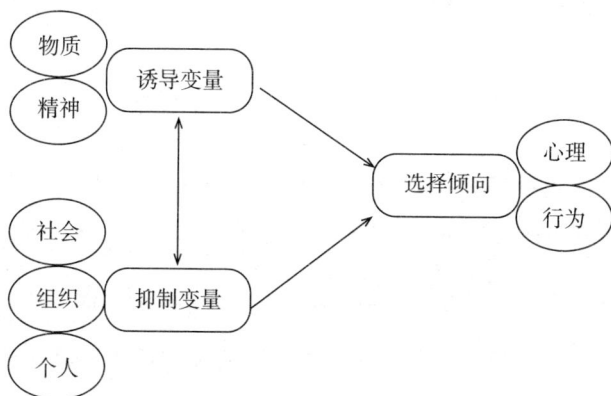

图4.1　内幕信息泄露动机模型

Figure 4.1　The model of motivation of insider information leakage

第三节　调查问卷

一、问卷设计

现有关于内幕信息的研究大多是根据已有的上市公司样本和数据，利用模型从事后追证的角度，对比研究出现内幕信息泄露的样本和其他样本的区别，进而发现或者验证与内幕信息泄露相关的因素和指标。这种方法的优势在于：一是有数据做支撑，具有较高的可信度；二是研究建立在借鉴和改进已有的研究模型的基础之上，具有较广泛的认同性。但是这种研究方法也具有一定的局限性，一方面，这种研究方法试图通过已发生的数据联系找出内幕信息泄露与相关因素的内在联系，但是这种仅凭数据相关性表现出来的联系并不一定是必然存在的，可能受很多因素的制约和影响，而这些制约和影响因素在研究中往往不能全部被纳入；另一方面，事后追证缺乏预见性和全面性，很难从事前预防和事中识别的角度提出有说服力的意见和建议。

本章试图从心理学的角度出发，通过问卷调查的方法对可能导致我国上市公司内幕信息泄露的动因进行实证分析，以期能够量化各项动因指标并解释各指标之间的内在联系。由于上市公司内幕信息泄露问题的敏感性，直接的调查和询问方式可能导致测试对象下意识的不配合行为和不诚实回复，造成较多的无效问卷。因此，本问卷的设计借鉴了James Rest的"确定问题测试"
（Defining Issues Test，DIT）方法[87]，即通过设置与研究主题相关
的道德困境，让测试对象以调查问卷所设情境中的主人公身份角
度做出决策，并对影响决策的因素进行评测和打分，以此甄别出
不同因素对于行为决策的影响力权重和影响因素间的相互关联程
度。这种测试方法能够有效地破除测试对象的疑虑，使其卸下道
德包袱，仅从预设的情景主人公的视角做出选择和判断，从而能
够相对准确地反映出测试对象内心真实的想法和个人价值观。

1. 调查问卷四种情景的设计

内幕信息具有重大性和非公开性的特征。根据2014年8月31日
修订的《中华人民共和国证券法》的有关规定，证券交易活动中，
涉及公司的经营、财务或者对该公司证券的市场价格有重大影响
的尚未公开的信息，为内幕信息。内幕信息主体分为内幕信息知
情人和非法获取内幕信息的人员。证券交易内幕信息的知情人包
括：（1）发行人的董事、监事、高级管理人员；（2）持有公司百
分之五以上股份的股东及其董事、监事、高级管理人员，公司的
实际控制人及其董事、监事、高级管理人员；（3）发行人控股的
公司及其董事、监事、高级管理人员；（4）由于所任公司职务可
以获取公司有关内幕信息的人员；（5）证券监督管理机构工作人
员以及由于法定职责对证券的发行、交易进行管理的其他人员；
（6）保荐人、承销的证券公司、证券交易所、证券登记结算机构、

证券服务机构的有关人员；（7）国务院证券监督管理机构规定的其他人。而非法获取内幕信息的人员是指：（1）通过骗取、盗取、监听、行贿等非法手段获得内幕信息、并利用该信息进行证券交易或者建议他人进行证券交易的人员；（2）内幕信息知情人的近亲属或其他与其关系密切的特殊人员；（3）在内幕信息敏感期内与内幕交易知情人员联络、接触的人员。

按照以上法律规定，本书根据内幕信息泄露主体来源的不同进行划分，主要从上市公司高管、中介机构、监管部门和圈外人员四类主体的角度对内幕信息泄露的动机进行考察和实证研究。即：（1）由于对上市公司的控制权或者担任公司职务而获得内幕信息的人员；（2）由于为上市公司提供服务而获得内幕信息的中介机构人员；（3）由于法定监管职责而获取内幕信息的监管机构工作人员；（4）由于和上述三类主体密切接触而获得内幕信息的圈外人员。

这四类主体既面临泄露内幕信息并获取潜在收益的诱惑，也受到来自法律、社会、单位及个人心理方面的威胁和约束，处于利益旋涡的核心，需要做出向左还是向右的选择。研究这四类主体在泄密选择事件中对各种诱惑和威胁的考量和评价对于了解现实中上市公司内幕信息泄露的动机具有非常重要的价值。在非法获取内幕信息的人员中，通过非法手段获得内幕信息的人员由于相对远离内幕信息传播核心圈，不受严格监管，不易被发现，且其事前为获取内幕信息已经付出了一定的成本，因此其泄露内幕信息以弥补成本和赚取收益的倾向要远远大于本书考察的四类主体，不在本书的考察范围之内。

基于此，本书设计了四个有关内幕信息泄露的典型模拟情景，包括上市公司高管、中介服务机构人员、证监会工作人员和内幕信息知情人妻子四种情景，分别对应来自上市公司、中介机构、监管部门。问卷中设定的角色都面临着在是否泄露内幕信息的选择，并根据表4.1的各项具体指标设计问题，当然，由于四种情景下不同主体面临的诱因和抑制因素有所不同，试题内容也有所区别。此问卷要求测试对象从设定角色的角度出发做出是否会泄密的选择，然后对可能会影响这一选择的因素打分，这种测试结果虽然是虚拟情境下的，但却能很大程度上反应受试者真实的心理。四种情景下的具体问卷内容见附录A。

2. 问卷指标体系设计

根据行为人做出是否泄密决策前可能会考虑的因素类型，按照其对内幕人的作用方向，本章制定了诱导变量、抑制变量和选择倾向三大指标体系，每个大的指标体系下又涵盖一些小的指标体系。将三大指标体系中诱导变量、抑制变量作为自变量（X1，X2），将问卷中的选择倾向（用选择结果和心理认同的平均数来表示）作为因变量（Y），以期通过结构方程模型得出X与Y之间的作用系数。（具体指标体系见表4.1）本章研究具体的研究模型和指标体系如表4.1所示：

表4.1 内幕信息泄露行为动机指标体系

Table 4.1 The index structure ofinsider information leakage action

指标层次	分类指标	子指标	具体指标	指标解释	假设
诱因变量	激励因素	物质满足	期望收益	与现状相比，收益是否能获得很大幅度的提升	正向
			现状评价	对自己的收入和生活现状是否存在不满	正向
		精神激励	侥幸心理	是否存在不会被发现查处的心理	正向
			风险偏好	是否具有冒险倾向	正向
抑制变量	社会层面	法律威慑	法律完善性	相关法律是否存在灰色地带	反向
			惩罚确定性	泄密被惩罚的概率是否很高	反向
			惩罚及时性	当局对泄密行为是否能及时发现	反向
			惩罚严厉性	一旦被查处，惩罚是否足够严厉	反向
		声誉损失	声誉损失	社会声誉是否会因此严重受损	反向
		外部监督	媒体监督	媒体的监督和约束力量是否足够	反向
			中介或业内监督	审计意见/同行监督/公众监督/直接知情人态度等是否产生有效约束	反向
	公司层面	公司制约	公司监管	公司内部对内幕知情人员的监管是否足够严格	反向
			信息披露	公司信息披露是否及时公开	反向
			薪酬制度	公司薪酬待遇是否优厚	反向

续表

指标层次	分类指标	子指标	具体指标	指标解释	假设
	个人层面	自我约束	内疚感	是否会因为泄密感到非常自责和内疚	反向
			法律知识	对相关的法律和从业知识是否足够了解	反向
			职业发展	在本行业中是否处于较高的层次水平	反向
选择倾向	潜在行为	心理认同	惩罚是否必要	是否认为泄密应该得到惩罚	
		选择结果	行为选择	是否会选择泄密	

对于问卷中的各项指标，采用5分制评分，评分标准按照表4.2所示进行。

表4.2 各项指标评分标准

Table 4.2 The scoring criterion for the index

	选择结果	选择泄密		不能确定		选择不泄密
选择倾向		5		3		1
	心理认同	不重要	不很重要	一般重要	比较重要	非常重要
		5	4	3	2	1
变量要素	变量/评价	不重要	不很重要	一般重要	比较重要	非常重要
	诱导变量	1	2	3	4	5
	抑制变量	1	2	3	4	5

对于选择倾向的两个观测变量——选择结果和心理认同，得分越高说明被试主体对内幕信息泄露越认同，且越有可能去泄露内幕信息，说明其从事内幕信息泄露的选择倾向越强烈。对于诱导变量和抑制变量包含的各个问题的考虑得分越高，说明他对该因素的考虑程度越高，对他是否认同和是否参与内幕信息泄露的影响也就越大。子指标的分值用其包含的具体指标得分的均值计算得出，同样可由子指标的平均值得出分类指标的分数，并以此作为分析和研究各变量间关系的数据来源。

为了保证问卷的有效性，在问卷的最后调查对象还会被要求选出19个题项中自己认为最重要的四个因素，并按照重要性进行排序。这种题目的设计可以有效剔除那些前后不一致的问卷，保证调查主体评价结果的有效性。例如，如果在前面19个题项中，测试对象对期望收益、法律的完善性和公司监管的重要性给了最高分5分，而其他因素的重要性是低于5分的，那么这三个因素应该会出现在四个最重要因素的排序中。而如果上述三个因素均没有出现，那么极有可能调查对象并没有理解问卷或是没有认真作答，应该将这种问卷结果作为无效问卷处理，这种设计可以保证问卷的信度。此外，四个因素按照重要性分别记4分、3分、2分、1分，借鉴DIT问卷P分数的概念，可以分别计算各个指标的权重，得到调查主体对各个因素重要性的评价。

为了使样本的覆盖范围为更加全面，我们将上市公司高管、证券分析师、内幕信息知情人妻子和证监会工作人员四种场景放在一张问卷中统一进行模拟测试。发放的对象包括经济管理相关专业的在校学生、上市公司管理层人员、证券从业者等，以纸质问卷、电子邮件、客户端网页链接等形式共发放了300份问卷，回收266份，剔除无效问卷后，得到243份有效问卷，有效率为81%。

本研究建立了三个层次的指标体系。诱导变量、抑制变量和选择倾向为第一层指标；抑制变量包括社会、组织和个人三个层面，分类指标下又分别包含两个或三个子指标；而诱导变量对应物质满足和精神激励，社会抑制变量包含法律威慑、声誉损失和外部监督，组织抑制对应内部管理、信息披露和薪酬制度，自我约束包括内疚感、法律知识和职业层次。子指标项下就是具体指标，即问卷中的18个打分题和行为选择题。第19题其他因素的填空和打分的设计是为了补充本书可能未考虑到或未涉及的其他可能影响内幕信息泄露的因素。对于子指标，我们采用其项下包含的具体指标得分的均值作为其指标值，例如，物质满足值=（期望收益分值+现状评价分值）/2，并以心理认同和选择结果分值的平均数为选择倾向的分值，即选择倾向值=（心理认同分值+选择结果分值）/2。

二、实证检验和结果分析

1. 问卷的信度和效度检验

信度是指测量的可靠程度，表现为结果的一贯性、一致性和稳定性。简单地说，如果让多个人或者一个人多次进行同一个测试的结果是大致相同的，就表明这个测验结果值得信任，具有良好的信度。信度指标多以相关系数表示，大致可分为三类：稳定系数（跨时间的一致性），等值系数（跨形式的一致性）和同质性系数（跨项目的一致性）。本章的调查研究要检验的是问卷题项之间的一致程度，即问卷的同质性信度，同质性信度越高，表明指标间的内在关联性越高，反之，同质性信度越低，指标间的内在关联度越低。例如，如果两个题项测试的是同一个变量，那么这两个题项的得分应该具有一致性，得分同时较高或者同时较低，得分越是一致，信度越高。

本问卷的信度主要关注的是同质性系数，采用克隆巴赫信度系数来度量[①]，结果见表4.3。本问卷调查结果的信度系数均大于0.35，已达到探索性研究的信度要求标准，且法律威慑指标和外部监督指标的信度均大于0.7，具有较高的可信性。效度方面，因为问卷是基于前文的理论分析的框架下设计的，并且再设计过程

---

① 由于声誉损失这一变量只用了一个问题加以衡量，因此无法给出其信度系数，但其他指标的信度系数均可以测量。在探索性研究中，信度只要达到0.35就可接受，若达到0.7以上就是具有较高的信度了。

中多次小范围试填和借鉴相关专家进行调整，因此，该问卷信度和内容效度是可以保证。

表4.3 克隆巴赫信度系数分析表

Table 4.3 The analysis table of Cloning Bach reliablitycoeffecicy

α 系数	物质满足	精神激励	法律威慑	外部监督	管理机制	自我约束
公司内部知情人	0.66	0.58	0.88	0.79	0.62	0.60
中间机构知情人	0.72	0.64	0.88	0.84	0.76	0.82
监管机构人员	0.80	0.72	0.92	0.90	0.63	0.78
知情人亲属	0.71	0.66	0.9	0.72	0.63	0.71

2. 统计性描述

由表4.4样本的描述性统计分析结果可见，调查对象对于内幕信息泄露现象的心理认同和选择结果得分均值都较低，表明了对于内幕信息泄露心理上的不认可和行为上的拒绝参与。分析具体选项，选择泄露内幕信息的比例占总体样本的32.8%，选择不确定的占26%；而在问卷基本信息部分，认为内幕信息泄露是违法行为的比例占到93.75%，认为内幕信息泄露是违法行为并应受到严厉惩罚的比例达到79.17%。可见，虽然知道泄密行为的违法性，但是在具体场景和利诱下仍然有可能做出泄密的选择。再进一步分析四种场景下测试对象的选择，公司内部知情人和中间机构知情人行为结果的得分高于知情人亲属和监管机构人员的得分，说明前两者泄密的倾向性高于后两者。

表4.4 描述性统计分析

Table4.4 The analysis of descriptive statistic

主体/观测变量	心理认同		选择结果		物质满足		精神激励		法律威慑	
	均值	标准差	均值	标准差	均值	标准差	均值	标准差	均值	标准差
公司内部知情人	2.23	1.06	3.25	1.68	3.52	1.05	3.61	0.98	3.74	1.07
中间机构知情人	2.23	1.13	3.13	1.72	3.44	1.17	3.74	0.96	3.73	1.07
监管人员	2.25	1.10	2.75	1.78	3.49	1.18	3.60	1.04	3.58	1.18
知情人亲属	2.54	1.27	2.21	1.53	3.33	1.12	3.51	1.04	3.62	1.12
总体	2.31	0.93	2.83	1.21	3.45	0.97	3.62	0.85	3.67	1.05

主体/观测变量	声誉损失		外部监督		管理机制		自我约束			
	均值	标准差	均值	标准差	均值	标准差	均值	标准差		
公司内部知情人	3.22	1.01	3.15	1.18	3.37	0.88	3.27	0.87		
中间机构知情人	3.18	0.98	3.36	1.09	3.41	0.94	3.49	1.00		
监管人员	3.29	1.18	3.43	1.24	3.51	0.88	3.29	0.95		
知情人亲属	3.14	1.19	3.48	1.15	3.46	0.84	3.29	0.98		
总体	3.21	0.93	3.35	1.06	3.44	0.81	3.36	0.77		

在表4.4中，通过分析各分项指标的得分情况，可以发现：法律威慑（3.67）、精神激励（3.62）、物质满足（3.45）和管理机制

（3.44）依次是均值最高的四项影响因素，对于泄密主体的选择倾向影响程度最大；声誉损失得分均值（3.21）最低，表明泄密主体对于声誉损失考虑的权重相对较低。

分指标来看，对于物质满足指标，公司内部知情人的得分均值最高，表明导致公司内部知情人泄密的主要动机之一是期望收益和对现状的不满；对于精神激励和自我约束指标，中间机构知情人得分均值最高，说明冒险侥幸心理、知识能力及自我修养为中间机构人员是否选择泄密的重要考虑因素；外部监督因素对知情人亲属的影响程度最大，说明内幕信息直接知情人对泄密的态度是影响知情人亲属选择倾向的重要因素；管理机制指标项下得分均值最高的是监管人员，表明监管机构严格的内部控制、及时的信息披露和合理的薪酬制度是减少和遏制监管人员泄密的重要手段。另外，一个很有意思的发现是，法律威慑项下得分均值最低的是监管人员，表明对于四种潜在泄密主体中，法律威慑性对监管人员的影响最小。

从分类主体的角度来看：公司内部知情人对各种影响变量重视程度的排序依次是法律威慑因素（3.74）、精神激励（3.61）、物质满足（3.52）、管理机制（3.37）、自我约束（3.27）、声誉损失（3.22），考虑权重最小的是外部监督（3.15）；中间机构知情人对各变量的重视程度排名是精神激励（3.74）、法律威慑（3.73）、自我约束（3.49）、物质满足（3.44）、管理机制（3.41）

外部监督（3.36）和声誉损失（3.18）；监管人员对各因素的考虑程度为精神激励（3.60）、法律威慑（3.58）、管理机制（3.51）、物质满足（3.49）、外部监督（3.43）、自我约束（3.39）和声誉损失（3.29）；知情人亲属对各项影响变量的看重次序是法律威慑（3.62）、精神激励（3.51）、外部监督（3.48）、管理机制（3.46）、物质满足（3.33）、自我约束（3.29）和声誉损失（3.14）。

通过对四种不同情境下，不同主体的影响因素不同，可以发现：总体来看，法律威慑（3.67）是影响行为主体选择泄密倾向的得分最高的指标，其他重要因素依次是精神激励（3.62）、物质满足（3.45）和管理机制（3.44）。声誉损失得分均值（3.21）最低，说明泄密主体对于声誉损失考虑的权重相对较低。分群体来看，公司内部知情人，还受包括公司内部管理、信息披露、薪酬制度在内的管理机制的影响，这说明了公司治理对于公司内部知情人员是否泄密具有重要影响；中间机构知情人则比较重视自我约束的影响力，作为证券业中间服务机构，对法律知识、个人职业层次的认同感比较强，且比较重视自我心理约束。而对监管人员来说，赋予权重比较高的因素还有管理机制，并且监管人员对该因素的重视程度高于物质满足指标，说明监管机构对工作人员的管理、信息管理程序、薪酬制度等是其是否选择泄露内幕信息的重要因素。知情人亲属则比较重视外部监督，这也符合现实情况，内幕信息的直接知情人对泄密的态度将会影响到间接知情人的泄密决策。

3．主成分分析

相关性检验的结果（表4.5）表明，各个变量之间相关性过高，存在多重共线性。因此，需要通过降维的方法寻找一个适当的线性变换，将彼此相关的变量转变为彼此独立的新变量，找到方差较大的几个新变量就能综合反应原多个变量所包含的主要信息。本书将采用主成分分析的方法，通过降维处理以减少指标变量的个数，解决多重相关性问题。

表4.5　Pearson 相关性分析

Table4.5　The correlation analysis of Pearson

	选择倾向	物质满足	精神激励	法律威慑	声誉损失	外部监督	管理机制	自我约束
选择倾向	1	.060	−.198	−.430	−.420	−.436	−.551	−.582
物质满足	.060	1.000	.636	.473	.465	.459	.504	.231
精神激励	−.198	.636	1.000	.697	.568	.550	.572	.228
法律威慑	−.430	.473	.697	1.000	.766	.795	.752	.364
声誉损失	−.420	.465	.568	.766	1.000	.774	.731	.600
外部监督	−.436	.459	.550	.795	.774	1.000	.846	.580
管理机制	−.551	.504	.572	.752	.731	.846	1.000	.713
自我约束	−.582	.231	.228	.364	.600	.580	.713	1.000

首先，将物质满足、精神激励、法律威慑、声誉损失、外部监管、管理机制、自我约束记作X_1，X_2，X_3，X_4，X_5，X_6，X_7，将数据标准化，提取X_1，X_2，X_3，X_4，X_5，X_6，X_7的主成分。相关矩阵见表4.6，第n列为第n个主成分方程的系数，如第一个主成分，记作

P_1，提取主成分之后，新的变量P_1可以用X_1、X_2、X_3、X_4、X_5、X_6、X_7表示，每个变量前面的数字表示P_1和该变量之间的关系。

表4.6 自变量相关矩阵

Table 4.6 The correlation matrix of independent variable

	X_1	X_2	X_3	X_4	X_5	X_6	X_7
P_1（0.66）	−0.3	−0.3	−0.4	−0.41	−0.42	−0.42	−0.3
P_2（0.15）	−0.51	0.5	−0.14	0.12	0.15	0.2	0.62
P_3（0.08）	−0.68	0.05	0.5	0.16	0.21	−0.07	−0.45

其次，计算主成分的贡献率和累积贡献率。第一个主成分方差占所有主成分方差的66%，前三个主成分的累积贡献率达到了88%以上，见表4.7。

表4.7 主成分的贡献率

Table 4.7 The rate of contribution of main component

主成分	贡献率%	累积贡献率%
P1	65.57424	65.57424
P2	14.72701	80.30125
P3	8.031763	88.33301
P4	4.341229	92.67424
P5	3.964704	96.63895
P6	2.023958	98.6629
P7	1.337097	100

因此，可以取前三个主成分作为解释变量。前三个主成分的具体表达形式分别为：

$$P_1 = -0.3X_1 - 0.34X_2 - 0.4X_3 - 0.41X_4 - 0.42X_5 - 0.42X_6 - 0.3X_7$$
$$P_2 = -0.51X_1 - 0.5X_2 - 0.14X_3 + 0.12X_4 + 0.15X_5 + 0.2X_6 + 0.62X_7$$
$$P_3 = -0.68X_1 + 0.05X_2 + 0.5X_3 + 0.16X_4 + 0.21X_5 - 0.08X_6 - 0.46X_7$$

$$（4.1）$$

第一个主成分P_1与法律威慑、声誉损失、外部监管以及公司治理这四个变量的相关性较大，这四个指标其实都属于宽泛的监管体系中，比如宏观层面的法律监管环境、社会舆论压力、媒体监管以及中观层面的公司管理。因此，第一个主成分可以命名为综合监管指数，该指数越大表示监管水平越差。第二个主成分P_2和自我约束的相关性最大，命名为自我约束指数，该指数值越高，表示自我约束能力越强。第三个主成分P_3表示物质激励，命名为物质激励指数。该指数越高，表示物质激励程度越低。

将前面提取的三个主成分P_1、P_2、P_3与Y做回归：

$$Y=0.21P_1-0.45P_2-0.21P_3 \qquad （4.2）$$

回归结果表明：（1）各个因素是共同作用影响行为人的选择倾向，即选择倾向是诱导变量和抑制变量合力作用的结果，各个变量之间存在相互作用，通过直接和间接作用共同对选择倾向产生影响。但是外部的综合监管因素对行为主体泄密决策的影响最大，也就是说，负向指标的抑制作用要大于正向的激励作用。这个综合监管是多方位的，不仅包括法律惩罚的确定性、严厉性和及时性，还有媒体监管、中介、公众的监管、上市公司自身的公司治理水平，甚至还包括整体的社会氛围。只有建立多方面的监管体系，通过各因素的综合作用，才能真正抑制行为主体的泄露内幕信息的行为。（2）自我约束能力越强，泄密倾向越差。自我约束能力具体是指对泄密行为的内疚感、对法律的认同，有意思的发现是，在所有的影响因素中，对行为主体影响最大的单个因素竟然是自我约束。特别对于内幕信息泄露这类犯罪成本低、不易被发现，极具隐蔽性的违法行为来说，自我约束的作用在一定程度上对行为主体的约束能力要大过法律的威慑力，毕竟"道德是内心的法律"①。（3）物质激励指数越高，表明泄密行为给行为主体带来预期的超额收益回报越低，行为主体的泄密倾向就差。可见，在物质激励方面，内幕信息泄露和其他经济性犯罪行为类似，物质所带来的满足感的激励作用影响很大。这解释现实中为什么那么多行为人铤而走险，为了获取超额收益最终选择了泄露内幕信息。

第四节　本章小结

前文的理论部分主要研究了内幕信息泄露的动因，研究发现，国家的法律执行程度越好，惩罚越严厉，越及时，行为主体

---

① 习近平.加快建设社会主义法治国家[J]. 求是，2015（1）.

泄密的意愿就越差。上市公司完善的治理结构和合理的薪酬体系，对泄露信息的制约作用越强。行为主体的道德观念越强，越爱惜声誉，内疚感越强，在事后则可能出现的自我惩罚的作用，违法意愿也就越弱。当然，对于泄密行为的影响不是单个因素作用的结果，是各因素形成合力，相互影响，共同作用。因此，对于内幕信息泄露行为的抑制也需要个综合的监管体系，即形成事前预防–事中监管–事后惩处的多层次体系。

第一，本章分场景的实证研究表明，和正向激励相比，负向指标的抑制作用更大，而其中起重要作用的是自我约束指标。本书的发现虽然有悖于一般认知（通常情况下，我们不可避免地会先入为主地认为法律的抑制作用最大），但也和现实情况很吻合。因为作为一种犯罪成本低、调查取证难、隐蔽性很强的违法行为，在立法和执法都尚未完善的阶段，法律威慑力对于抑制内幕信息泄露确实有限。在此情况下，抑制内幕信息泄露行为的发生，更多地自然是要依靠行为主体对法律的认知和道德水平了，毕竟"道德是内心的法律"。因此，对于内幕信息的监管更要重视对市场参与者道德水平的建设，如发挥行业自律机构的作用，加强法制教育和职业素养培训，并将其制度化和常规化，在资本市场中营造爱岗敬业、诚实守信的市场氛围等。我们认为，本书的这个发现也可以推广到违法成本低、法律监管难、尚处于监管灰色地带的其他违法行为。

第二，还要不断提高法律的威慑作用，让更多的内幕信息泄露行为从灰色地带暴露出来，毕竟"阳光才是最好的防腐剂"。一是加强相关立法，完善证券犯罪刑事立法体系建设。目前我国对于内幕信息泄露的规定都是和内幕交易合并在一起的，单独针对内幕信息泄露的法律规定和相关处罚还没有。一般情况下，都是因为发生了内幕交易行为，才追责到内幕信息泄密行为的，单独对内幕信息泄露而做处罚很少见。但是，是不是如果内幕信息泄露没有引发内幕交易，或者说引发内幕交易及其他危害中小投资者的危害程度不大的时候，内幕信息泄露行为就可逃避法律的制裁呢？是不是内幕信息泄露的行为主体没有为自己谋利，无意或者处于其他攀比侥幸心理的泄密行为就可以减轻处罚呢？自然不是。建议《证券法》应结合内幕信息泄露行为的特征及不同内幕信息持有者的泄密动因不同，有针对性地将违法行为具体化，使得资本市场的各参与主体都对法律产生敬畏感，增大犯罪成本，确保资本市场公开、公平和公正。监管机构还可以通过加强对内幕信息知情人登记管理制度和建立证券交易的实时监控系统，形成泄密预警机制，提高法律惩罚的及时性。同时，出于对中小投资者的保护，要对内幕信息相关的管理机制和公司内控方面进行具体规定，发挥独立董事和审计委员会在公司治理中的作用，从制度设计上堵塞公司人员可钻的空子；健全中介机构的内部控制制度，完善其核心业务部门的信息隔离墙制度，规范其执业行为，严防中介机构泄露上市公司内幕信息，同时充分发挥其独立的职业监督功能，在监管机构的指导下以优质的专业服务有效监控上市公司泄密行为。此外，还要发挥社会媒体、公众舆论的监督作用，提高监管效率。

第三，本章分场景测试的结果，对于今后在实践中有区别性地进行监管，有针对性地抑制内幕信息泄露提供了一定借鉴。同为内幕信息的知情人，但是不同的主体看重的因素却有所不同。因此，本书建议在具体监管过程中，还要建立有针对性地监管体系，重点考虑特殊因素对行为主体的影响，如中介中间机构知情人则比较重视自我约束的影响力，监管机构工作人员和高管亲属则更看重媒体、中介和公众等外部监管。因此，除了完善《证券法》和《刑法》对内幕信息泄露的立法和提高执法效率之外，还应该针对不同群体进行针对性监管，有的放矢。

第五章
法律监管对抑制内幕信息泄露的作用机制研究
——基于国际经验的实证研究

前面第三章和第四章的理论及实证分析发现，作为一种犯罪成本低、调查取证难、隐蔽性很强的违法行为，在立法和执法都尚未完善的阶段，法律威慑力对于抑制内幕信息泄露确实有限。那么，如何才能提高法律的威慑作用，让更多的内幕信息泄露行为从灰色地带暴露出来？在规范资本市场的内幕信息泄露行为方面，到底是立法重要还是执法重要？为了解决这两个问题，比本章将以国际经验为出发点，探究法律监管对抑制内幕信息泄露的作用机制。

内幕信息泄露是指行为人将内幕信息的内容让不该知道的人知道的行为，该行为无论在发达国家还是发展中国家都是典型的违规违法行为。由于内幕信息泄露通常会引发相应信息获取者的内幕交易行为，因此在很多国家的法律和规则中，内幕信息泄露罪往往与内幕交易罪联系在一起。例如我国刑法第180条将内幕交易、泄露内幕信息罪两者合并定罪，定义为"内幕信息知情人或非法获取内幕信息的人，在内幕信息公开前买卖相关证券，或者泄露该信息，或者建议他人买卖相关证券的行为。"从法律制定角度来看，美国是公认的证券市场发育最成熟、内幕交易监管法律最完善、监管力度最严格、执法效率最高和投资者权益保护最到位的国家，对其他国家的相关法律制定具有较好的借鉴作用。美国是最早（1934年）在证券法中对内幕交易进行违规认定的国家，也是第一个出台内幕信息泄露和内幕交易专项立法的国家。在长期的实践探索和完善中，美国形成了"金字塔式"内幕交易法律监管体系。在该体系中，司法制度是"金字塔"的顶层结构，由司法机构和美国证券交易委员会（SEC）组成，为内幕信息泄露和内幕交易监管提供纲领；"金字塔"的中间层是行业自律组织，包括证券交易所、证券业协会以及注册会计师和律师协会等行业协会，行业自律组织对成员的实时监控和排查为内幕信息泄露和内幕交易实施布下一道防线；"金字塔"的底部是私权救济系统，也即投资者保护体系，由投资者的独立个体或者集团诉讼、投资者利益追偿机制等构成。在这个监管的金字塔中，还有更加具体的监管制度，如包括强制信息披露制度、信息隔离制度的预防制度。为预防敏感信息在证券、金融公司中各部门间传播而泄露，美国在综合证券公司或金融企业内部实施一种信息隔离机制，综合类证券公司或金融机构内部制定的一系列守则、规章，用以防止内幕信息在公司各部门之间的流动，防止内幕人员不当或非法利用内幕信息进行内幕交易。此外，还有内幕人持股和股份转让报告制度、禁止短线交易制和禁止内幕人员卖空等。除了上述预防性制度之外，法律还规定里许多监控制度，如重要人物建档制度、实时交易监控制度、证券中介机构的监控责任制度和社会监督中的公众举报制度。一旦发现内幕信息泄露行为，法律将对违法行为进行有效直接的制裁，以保障证券市场的健康发展。

关于如何防范内幕信息泄露，有学者坦言："仅靠掌握内幕信息者的道德自律和社会舆论监督，是不足以防范和制止内幕交易的。只有运用法律手段进行规制，才可能产生强大的威慑作用[88]"。前文关于内幕信息泄露动因的理论研究和实证分析都已表明，法律监管对抑制内幕信息的作用最强，主要作用机制主要体现在：一是国家的法律执行程度越大，行为主体实施泄密行为后受到国家刑事司法机关惩罚的概率越大，泄密的成本就越高，对其选择违法泄密行为倾向的阻碍作用就越大，因此理性经济人愿意花费在泄密活动上的时间就越少，泄密意愿随净收益的减少而降低。二是法律惩罚越严厉，泄密行为的成本就越高，对其选择违法泄密行为倾向的阻碍作用就越大，因此理性经济人选择花费在泄密活动上的时间就越少，泄密意愿随净收益的减少而降低。三是法律惩罚越及时，行为主体实施泄露内幕信息行为与被查处并惩罚的时间间隔越短，泄密行为成本的贴现值就越大，对其选择违法泄密行为倾向的阻碍作用就越大，最佳泄密时间、净收益和参与意愿相应减少。实践中，为了防止内幕信息泄露，保护中小投资者权益，各国也确实对内幕信息泄露及内幕交易行为制定了相关的监管法律规制①。除了美国早在1934年就首次以法律的方式禁止包括内幕信息泄露等各种证券欺诈行为，日本、英国等国家都相继立法禁止内幕信息泄露和内幕交易，我国的《证券法》《禁止证券欺诈行为暂行办法》等证券法律法规也对内幕信息泄露做出了相应规定。

那么，各国制定的这些法律规制对抑制内幕信息泄露等违法行为是否真正起作用呢？假如是，又是如何起作用的呢？鉴于此，本章拟从法律规制的角度研究其对内幕信息泄露的影响，具体从立法和执法两个层面，研究法律规制对抑制内幕信息的作用机制和路径；并基于此，提出如何完善抑制内幕信息泄露的法律制度。本章的创新点在于：一是在研究视角上，选取了立法和执法综合考量的全新视角来研究法律监管对于内幕信息泄露的作用机制，区别于已有研究中只单一考量立法或者执法因素的影响；二是在研究方法上，构建了立法和执法综合考量的综合指标体系，并结合国际数据，定量地分析了法律监管对内幕信息泄露的国际经验。

---

① 由于内幕信息泄露的隐蔽性，各国法律主要侧重于对内幕信息泄露引发的结果，即内幕交易行为的防范和惩罚。

第一节　法律监管对内幕信息泄露的抑制作用

要研究法律监管体系与内幕信息泄露之间的联系，必须要解决两个问题：一是要确定法律监管对打击证券市场违规行为进而促进资本市场发展是否有效，即是否有必要由法律监管来规范证券市场；二是在法律监管规范证券市场有效的情况下，法律监管又是如何遏制内幕信息泄露的，尤其是分别从立法和执法两方面来看，法律监管对内幕信息泄露的影响机制又是什么。

一、法律监管如何影响证券市场内幕信息泄露

关于法律监管如何抑制内幕信息泄露的研究，国内外具针对性的研究较少，但是许多学者研究了法律监管与内幕交易之间的关系，这些可以作为借鉴。由于完善的法律规定（立法）和有效的监管执行（执法）是法律发挥作用的两个层面，因此以下将从立法和执法两个视角分别对法律的作用机制进行相应梳理。

1. 法律监管抑制内幕信息泄露：立法层面

法律监管对内幕信息泄露行为的遏制首先是以立法为起点的。法律制定通常以切实有效为目标，以完善和实用为原则，具体可落实到严厉程度、全面程度和可执行度三个方面。

一是法律监管的严厉程度与内幕信息泄露。直观的感觉是，加重惩罚可以使得违法行为减少，但是现有的研究并没有足够的

证据证明两者之间的明确作用机制。如Seyhun发现在1984年《内幕交易制裁法案》(ITSA)实施后,盈利公告和收购要约前的内幕交易数量减少,加重惩罚使内幕交易人更谨慎,即使此时收益是增加的。但是在惩罚加重之后,整体的内幕交易量变得更大,股价波动也更为剧烈了,说明严格的内幕交易管制并没有起到遏止内幕交易和抑制内幕信息泄露的预期作用[89]。Arturo Bris对56个国家在1990年1月至1999年12月间5000多起并购活动进行了研究,从横向的结果来看,内幕交易收益的确和内幕交易监管的严厉程度成反比,比如美国是内幕交易收益最低的国家,同时也是监管最为严厉的国家[90]。

二是法律监管的全面程度和内幕信息泄露。可以联想到,法律的制定还应当全面覆盖相关领域,不存在理应将各种违法违规行为考虑进来而实际没有纳入的情况。特别是对于内幕信息泄露而言,泄密行为常常隐蔽在其他证券市场违规行为之中,因此制定法律时,还需要从多个方面落实,例如针对内幕信息泄露行为,不仅可以从打击内幕交易的角度遏制信息泄露的诱惑,还可以从信息公平披露、投资者保护等相关方面入手。根据陈秧秧在2011年的研究,2000年美国《公平披露条例》的颁布对增加公司公开披露、降低分析师对私人信息的获取产生了正面的影响[91]。Brockman和Chung的研究发现对投资者权益保护的法律监管的完善,要求公司必须充分、真实、及时地披露信息,禁止内幕交易,降低了信息不对称程度,由此可以在一定程度上抑制基于信息不对称引起的不公平市场行为[92]。

三是法律的可执行度和内幕信息泄露。不能忽略的是，法律规制的威慑力并不能仅仅从表面的完善来判断，还必须考虑到实际的可执行性。无奈的是，法律规制的可执行度和严厉度之间存在一定的矛盾。例如尽管刑事制裁比民事制裁更为严厉，但是更高的举证要求使得刑事制裁的执行力很弱。Bart Frijns等人在2013年所做的关于刑事制裁对内幕交易的威慑力的研究表明，2008年新西兰引入刑事制裁并没有起到预期的效果，立法与监管的实践必须与各国家或者地区的实际情况相结合。这说明，即使法律规制较为严厉，较差的实施可行性也会使内幕信息泄露得不到有效遏制[93]。

2. 法律监管抑制内幕信息泄露：执法层面

法律的威慑力不仅要靠完善实用的法律条款，更要靠高效到位的执行能力，即要看法律是否得到了切实执行上。Bhattacharya和Daouk的研究证明假如一个法案被颁布但却没有执行，将很难遏制大部分非法交易。在Bhattacharya和Daouk所研究的103个国家中有87个颁布了内幕交易法，但是相关的起诉案件只存在于其中的38个国家，执行效果之不理想可见一斑[94][95]。Budsaratragoon在2012年的研究通过研究泰国的监管效率，类似地得出了尽管存在完善的法律，但是假如缺乏有效的执行仍然不能遏制内幕交易的结论。令人失望的是，很多国家都存在监管失效的问题[96]。

实际上，法律执行力作为证券监管是否有效的表现，在背后主要是两个因素在起作用，即对违法违规行为的发现能力以及执法行动的抗干扰性。

一是对违法行为的发现能力。法律的执行以能够发现违法行为为前提，这主要涉及监管特性和抓捕能力。首先是关于监管特性的研究：Budsaratragoon的研究认为，发展中国家的监管体系通常在侦测疑似违法上过于无能，反而是举报和新闻披露起到了挖掘内幕交易案的作用，但是这样也会便于公司高层采取行动替自己洗脱罪名[96]。其次是关于抓捕能力的研究：Grasmick和Green，Mason和Calvin，Beck在研究中证实违法者的被捕概率会影响行为人参与违法的意愿[97][98][99]。

二是执法行动的抗干扰性。识别违法行为仅仅是执法的第一步，而法律最后能否得到执行，还涉及了执法行动的抗干扰性，即能否果断地执行法律，这通常会受到监管者自身职能以及所处环境的影响。首先是关于监管者自身职能的研究：LLSV的研究将监管者的任命方式、人员可撤换性、监管专门性纳入了公共执法的指标，研究了公共执法对证券市场发展的影响，然而由于监管者的基本职能仅仅是公共执法的子指标之一，因此并没有直接揭示其本身与证券市场发展状况之间的联系。其次是关于监管环境的研究[1]：田甜铭梓在2013年的研究认为，在政府腐败程度高的国家，可能会出现政府、监管层与上市公司的控股股东相互勾结，导致执法不严；当政府兼任控股股东和监管者时，也会降低法律规制有效的概率[100]。

二、其他法律因素与内幕信息泄露

法律监管对内幕信息泄露的影响机制是复杂且精细的，除了立法和执法两大层面的因素，还存在其他因素的作用。比如法律渊源，由于各国法制传统和监管方式是不一样的，因此在实践中，这些因素对证券市场的不公平行为也会起到相异的影响。普通法国家和地区在投资者保护的法制传统方面比大陆法国家和地区要好。Pistor的研究发现，发达市场的"最佳做法"，在特点不同的市场环境中可能会出现失灵。又比如，政府执政能力、经济发展水平等因素对内幕信息泄露的影响。比如在政府腐败和官僚程度高的国家，可能会出现政府、监管层与上市公司的控股股东相互勾结，导致执法不严。同样的，当政府兼任控股股东和监管者时，也会降低法律规制有效的概率[101]。与此相反，经济发展水平越高，相应的法律规制的投入可能会越高，而较高的社会道德水平有利于上市公司控股股东自律，这些会提高法律规制的有效性[100]。

虽然国内外学者做了很多相关研究，但缺乏对法律与内幕信息泄露关系的专门性和系统性的研究，也未能解决以下两个关键问题：法律对资本市场，特别是对抑制内幕信息泄露等违规行为是否有效？如果有效，那么法律抑制内幕信息泄露的作用机制又是如何？鉴于此，本章拟以50个国家的数据为样本，分析法律在抑制内幕信息泄露是否起作用，并进一步从立法和执法两个层面挖掘法律对抑制内幕信息泄露的作用机制，旨在为监管层在制定监管政策和法律规定方面提供有益的政策建议。

第二节 指标构建

针对我们提出的两个问题，我们需要研究法律监管与内幕信息泄露之间的关系，第一步是要构建关于法律监管和内幕信息泄露的指标。

一、法律监管的相关指标

本章将从立法和执法两个层面分别构建法律监管的衡量指标。

1. 立法层面

立法层面的指标主要包括赋予相应监管机构的立法、取证、执行方面的权力规定以及法律要求证券市场参与者应当遵照履行的责任义务。前者实际上赋予了监管机构作为公共执法者的身份处置证券市场的违法违规行为的权力，是公共执法（Public Enforcement）的基础；后者作为事发后责任追究的依据，决定了私人诉讼的成本，是私人执法（Private Enforcement）的源头。对于证券市场监管而言，公共执法和私人执法[①]这两个手段相辅相

---

① 国内很多学者将"Public Enforcement"和"Private Enforcement"翻译为"公共执法"和"私人执法"，本书认为"Public Enforcement"和"Private Enforcement"不仅包含执法的意思，更有立法的含义，准确地应该是指靠公共力量或者个人力量的法律体系。

成，缺一不可，且根据《北京大学法学百科全书》的释义，我们认为："两者之间可建立一种竞争机制"。

（1）法律赋予的资本市场监管机构的权力——公共力量（Public Enforcement）

LLSV（2006）已经指出在资本市场中需要公共力量去保障，比如通过证券协会，中央银行或者其他监管机构来监管。本章将公共力量作为立法层面的第一个指标，参照LLSV（2006）的指标设置，主要关注了四个方面的内容：一是定法权力指标，即证券市场的监管机构是否有权力制定相关监管制度。二是监管机构的调查取证的权力，即能否获取全面有效真实信息的能力，体现在对文件的要求权和证人的传唤权，即监管机构是否有权要求得到所有市场参与者的材料还是只有权力要求得到上市公司和/或上市公司高管的材料。监管机构有权传唤所有人还是只有权力传唤上市公司高管；三是管制能力，这点也是公众执法相较于私人执法的优势。当上市公司出现信息披露违规事项的时候，法律是否赋予监管机构制止上市公司或者中介结构的违规行为，是全部制止还是部分制止，或者是无权制止，这就体现了不同国家的管制能力。四是定罪能力，如果上市公司出现信息披露违规事项，上市公司高管和董事如果出于无意或者疏忽是否能被定罪；还是只有是故意而为才能被定罪。具体的指标说明见表5.1。

表5.1　立法层面的指标（1）——公共力量

Table 5.1　The index of legislation （1） —— public power

<table>
<tr>
<td rowspan="11">（1）法律赋予的资本市场监管机构的权力</td>
<td colspan="2">1.制定规则的能力</td>
<td>如果无须政府其他部门同意，则得分为1；必须得到其他政府主管部门的授权才能制定则得分为0.5；无权制定则得分为0</td>
</tr>
<tr>
<td rowspan="3">2.调查取证的权力</td>
<td>a.文件要求权</td>
<td>如果监管机构有权要求得到所有市场参与者的材料得分为1；如果只有权利要求得到上市公司和/或上市公司高管的材料则得分为0.5；否则为0</td>
</tr>
<tr>
<td>b.证人传唤权</td>
<td>如果监管机构有权传唤所有人则得分为1；如果监管机构只有权传唤上市公司高管则得分为0.5；否则为0</td>
</tr>
<tr>
<td>综合指标</td>
<td>以上两项指标a，b的算术平均数</td>
</tr>
<tr>
<td rowspan="3">3.管制能力</td>
<td>a.针对上市公司的管制能力</td>
<td>包括两个分项指标：（1）上市公司出现信息披露违规事项，如果监管机构有权使其停止一切行为则得分为1；如果只有权禁止部分行为则得分为0.5；否则为0；（2）上市公司出现信息披露违规事项，如果监管机构有权要求发行方采取措施纠正违规行为则得分为1；只能要求发行方采取部分有限措施得分为0.5；否则为0</td>
</tr>
<tr>
<td>b.针对承销商的管制能力</td>
<td>包括两个分项指标：（1）承销商出现信息披露违规事项，如果监管机构有权使其停止一切行为则得分为1；如果只有权禁止部分行为则得分为0.5；否则为0；（2）承销商出现信息披露违规事项，如果监管机构有权要求中介机构采取措施纠正违规行为则得分为1；只能要求承销商采取部分有限措施得分为0.5；否则为0</td>
</tr>
<tr>
<td>c.针对审计方的管制能力</td>
<td>包括两个分项指标：（1）审计方出现信息披露违规事项，如果监管机构有权使其停止一切行为则得分为1；如果只有权禁止部分行为则得分为0.5；否则为0；（2）审计方出现信息披露违规事项，如果监管机构有权要求中介机构采取措施纠正违规行为则得分为1；只能要求审计方采取部分有限措施得分为0.5；否则为0</td>
</tr>
</table>

续表

	综合指标	以上三个指标a, b, c的算术平均数
4.定罪能力	a.针对上市公司高管和董事的定罪能力	如果上市公司出现信息披露违规事项，上市公司高管和董事如果出于无意或者疏忽也能被定罪，则得分为1；如果是故意而为才能被定罪，则得分为0.5；否则得分为0
	b.针对承销商的定罪能力	如果承销商出现信息披露违规事项，承销商如果出于无意或者疏忽也能被定罪，则得分为1；如果是故意而为才能被定罪，则得分为0.5；否则得分为0
	c.针对审计方的定罪能力	如果审计方出现信息披露违规事项，审计方如果出于无意或者疏忽也能被定罪，则得分为1；如果是故意而为才能被定罪，则得分为0.5；否则得分为0
	综合指标	以上三个指标a, b, c的算术平均值

（2）对市场参与者信息披露的要求和定责标准——私人力量（Private Enforcement）

私人诉讼（private litigation）是投资者以诉讼主体身份直接寻求法律保护的重要手段，它的存在有力加强了法律对中小投资者的保护。鉴于此，本章将私人力量作为立法层面的第二个指标。LLSV基于前期的在公共力量和私人力量的开创性研究，将信息披露、定责标准和抗董事会权利三个方面作为私人力量（Private Enforcement）的具体表现内容。而在证券法中，私人力量（Private

Enforcement）的思想主要体现在对披露的要求和对责任的界定上。由于本书的研究焦点是法律监管对于内幕信息泄露的影响，所以本章选取LLSV相应研究的前两项内容，将私人力量（Private Enforcement）分为信息披露和定责标准两个方面，即市场参与者在事前的信息披露和内幕信息泄露后的定责。

1）披露要求

有效的法律监管体系可以激励人们收集并有意愿披露信息。Landis认为当市场参与者没有及时有效地披露信息或者做出与之相关的违规行为时，有效的法律会使得他们受到相应的惩罚[102]，这是私人执法中（Private Enforcement）[①]非常重要的一个方面。本书借鉴LLSV（2006）中关于对资本市场参与者进行量化的披露要求指标，将其分为六个方面，一是法律是否要求上市公司在上市之前主动向社会公众披露招股说明书。虽然每个国家都要求公司上市前必须准备招股说明书，但这个指标的设计关键在于法律是否要求主动对公众披露，还是仅仅只需将招股说明书上交给监管者而无须主动披露。二是具体的信息披露要求，关于此项本书主要考量了五个指标，具体是上市公司高管薪酬、股权结构、内部人持股情况、非常规合同及内部相关方交易。具体的指标说明见表5.2。

---

① Private Enforcement虽然在国内普遍被学者翻译成"私人执法"，但本书认为该词是个广义的法律含义，不仅只执法层面，更包含立法的含义，本书翻译为"私人力量"。

2）定责标准

法律除了规定在事前进行信息披露的之外，当然还包括在事后发生重大的内幕消息泄露时，如何对市场参与者如上市公司和中介机构（如发行方、承销商、审计方）进行定责的问题，这也是私人执法（Private Enforcement）非常关键的一个步骤。关于定责的基本标准，一种情况是类似民法中的"过失"定罪：一种情况是原告必须证明被告在内幕信息泄露上存在过失，即如果上市公司或者中介机构的信息披露违规而导致投资者损失时，投资者需要证明两者之间的过失关系。第二种情况，是需要证明因果关系，即当出现由于中介机构信息披露违规而导致投资者损失时，投资者需要证明信息披露违规和投资者损失之间的因果关系。还有一种情况是，当出现由于中介机构信息披露违规而导致投资者损失时，投资者只需要证明中介机构有误导即可定责。通过这些规定，可以发现有些国家举证责任相对轻松，只要证明有信息遗漏即可，而有些国家的举证责任则较严格，要证明过失或者因果关系。实际上，这种举证原则的倾斜很大程度上会影响定责效果，因此，在具体的指标度度量中就是参考了这些定责标准，通过计算得到定责标准的指数。具体的指标说明见表5.2。

表5.2 立法层面的指标（2）——私人力量

Table 5.2 The index of legislation （2）—— private power

（2）对市场参与者信息披露的要求和定责标准	1.披露要求	a.招股说明书	如果上市公司必须对潜在投资者发布招股说明书，则得分为1；否则为0
		b.薪酬披露	如果法律或者监管部门要求上市公司公开披露每个高管薪酬则得分为1；如果只要求公开高管薪酬的总数则得分为0.5；否则为0
		c.股权结构	如果法律或者监管部门要求上市公司公开披露每位持有10%及以上（直接或间接）投票权的股东姓名和持股份额，则得分为1；如果只要求披露直接持有10%及以上投票权的姓名和份额或者只要求披露份额总数，则得分为0.5；否则为0
		d.内部持股情况	如果法律或者监管部门要求上市公司公开披露每位高管的持股情况则得分为1；如果只要求披露高管持股的总数则得分为0.5；否则为0
		e.非常规合约	如果法律或者监管部门要求上市公司公开披露所有重要的非常规合同，则得分为1；如果只要求披露部分重要的非常规合同，则得分为0.5；否则为0
		f.利益相关方的交易	如果法律或者监管部门要求上市公司公开披露所有和利益相关方的合同，则得分为1；如果只要求披露部分和利益相关方的合同，则得分为0.5；否则为0
		综合指标	以上六项指标a，b，c，d，e，f的算术平均值
	2.定责标准	a.上市公司及其高管的定责标准	当出现由于上市公司信息披露违规而导致投资者损失时，投资者只需要证明上市公司及其高管有误导即可定责，则得分为1；如果投资者需要证明信息披露违规和投资者损失之间的因果关系，则得分为2/3；如果还需证明上市公司及其高管有过失，则得分为0.5；如果赔偿不可获得或定责标准太高，则得分为0

续表

2.定责标准		b.承销商的定责标准	当出现由于承销商信息披露违规而导致投资者损失时，投资者只需要证明承销商有误导即可定责，则得分为1；如果投资者需要证明信息披露违规和投资者损失之间的因果关系，则得分为2/3；如果还需证明承销商有过失，则得分为0.5；如果赔偿不可获得或定责标准太高，则得分为0
		c.审计方的定责标准	当出现由于审计方信息披露违规而导致投资者损失时，投资者只需要证明审计方有误导即可定责，则得分为1；如果投资者需要证明信息披露违规和投资者损失之间的因果关系，则得分为2/3；如果还需证明审计方有过失，则得分为0.5；如果赔偿不可获得或定责标准太高，则得分为0
		综合指标	以上两项指标a，b，c的算术平均值

2. 执法层面法律条文只是整个司法体系的一个方面，这些法律条文只有真正得到了执行和遵守，才能真正发挥法律的威慑作用，而且有时候有效的执法还能弥补法律条文本身的缺陷，特别是在法制环境不完善的国家。还有一些国家虽然制定了法律，但是由于缺乏有效的执行，法律也不能发挥应有的作用。因此，有学者认为，对于经济转型的国家，执法在促进金融市场健康发展方面的作用更为重要[103]。本章执法层面的指标将包括三个方面，一是监管机构的特征。本章借鉴LLSV（2006）对证券市场监管特征的描述，选取监管机构成员的任命方式、替换方式以及监管的专门性作为评价指标。二是对法律的执行力。由于指标的获取难度，本章将选取该国内幕交易法的颁布时间和第一次执行时间，用以度量一国的执法效率。如日本早在1948年就制定了证券

交易法，明文禁止内幕信息泄露、内幕交易等不正当行为，但一直到20世纪80年代以前证券内幕交易尚无一例受到监控和处罚，因此欧美国家戏称"日本是内部人交易的温床"。三是执法环境。执法环境不仅包括法律环境本身，即法律是否严格完善，也应该包括其他影响到执法的因素。政府腐败程度决定了政府对上市公司控股股东行为所持的态度，因此腐败程度高低与执法严格性存在一定的联系。类似的，政府官僚程度决定了执法行动的及时性，因此官僚程度高低有可能与执法的效率有关。我们综合以上三点，考察了法律与秩序、腐败程度、官僚程度三项因素，用以衡量一国的执法环境。具体的指标说明见表5.3。

表5.3 执法层面的指标

Table 5.3 The index of law enforcement

1.执法机构的特征	a.任命方式	如果非政府单边制定则得分为1；如果是政府单边指定监管机构的成员得分为0	
	b.固定性	如果监管机构的成员不能被任命方直接替换得分为1；如果可以直接被任命方替换则得分为0	
	c.专门性	如果商业银行和股票交易所是由不同的政府机构管理得分为1；否则为0	
	综合指标	以上三个指标a，b，c的算术平均数	
2.对法律的执行力	内幕交易法颁布时间和第一次被应用于处罚违规事件的时间差		

续表

	a.法律与秩序	PRS归纳的各国法律与秩序的指数
3.执法环境	b.腐败程度	PRS归纳的各国腐败指数
	c.官僚程度	PRS归纳的各国官僚指数
	综合指标	以上三个指标a，b，c的算术平均数

二、内幕信息泄露的相关指标

考虑到内幕信息泄露的国际比较数据很难直接获得，因此我们从投资者和证券市场两个角度间接考察内幕信息泄露的情况。

1. 对投资者的保护效果——中小投资者保护指数

假如一个国家的投资者能够得到有效的保护，一方面投资者充分享有事前的知情权，那么不公平披露自然也就没有了滋生的土壤，自然内幕信息泄露也就很少发生，另一方面，投资者也充分享有发挥事后起诉的权利，那么内幕信息泄露、内幕交易等违规行为也会受到约束。因此我们首先将对投资者的保护效果作为内幕信息泄露事件的反映变量：对投资者的保护效果越弱，意味着内幕信息泄露越严重。具体的指标说明见表5.4。

2. 对证券市场发展的影响

假如一国证券市场上的交易是合法透明的，证券市场的运营环境是公平正义的，内幕信息泄露的现象很少或根本不存在，那么投资者将会有积极的意愿参与证券交易，证券市场的发展也会是健康、稳定、可持续的。因此本书将从证券市场本身的情况出发，来间接考察内幕信息泄露的严重性。

（1）股市相对规模：证券总市值/GDP

假如一国的证券市场是健康的，那么投资者信心将会比较充足，证券市场呈现繁荣景象，将会发展为较大的规模；反之，假如一国的证券市场存在较多不公平现象，那么将会有大量投资者退出市场，证券市场的规模将会很有限。考虑到一国经济情况自有的差异，本章用证券总市值/GDP来衡量股市的相对规模，进而反映证券市场发展的健康、可持续性。具体的指标说明见表5.4。

（2）股市波动性

对股价而言，假如在重大事项公布之前，证券市场上已经发生内幕信息泄露，那么重大事项对股价的影响已经提前得到释放，到公布时点股价反而不会再发生较大的变化。因此，假如证券市场上不存在内幕信息泄露，股市将随实际情况出现正常的上下波动；假如内幕信息泄露现象普遍存在，那么股市波动反而不太明显。具体的指标说明见表5.4。

（3）股市流动性

股市流动性是衡量股票市场交易成本高低的最主要的指标之一，是股票市场发展状况的重要标志。在一个流动性较好的市场中，投资者能够根据市场的基本供给和需求状况迅速有效地执行交易决策，这也意味着市场的信息不对称程度较低。因此本书以股市总成交金额／GDP，反映以经济总量为基础的股市流动性，进而反映证券市场的健康程度。具体的指标说明见表5.4。

表5.4　内幕信息泄露的指标

Table 5.4　The index of insider information leakage

1.法律规制的保护效果	中小投资者保护指数
2.股市相对规模	证券总市值/GDP
3.股市波动性	股市波动率
4.股市流动性	股市交易总额占GDP的百分比

第三节　法律监管对遏制内幕信息泄露的有效性检验

针对本章所提出的第一个问题，我们需要证实在不同的法律监管制度环境下，证券市场的内幕信息泄露情况是不同的。为了区分不同的法律监管制度环境，本章参照了LLSV对不同国家（地区）法律渊源的分类，在其研究的49个国家（地区）的基础上纳入中国，共包括50个研究对象，对其依据法律渊源进行分类，来讨论法律监管对遏制内幕信息泄露的有效性。

基于此，我们提出如下假设：在不同的法律环境①中，证券市场上内幕信息泄露的程度不同。

---

① 在这里，不同的法律环境，我们用不同的法律渊源来说明。同时考虑到法律渊源不能完全说明法律环境的不同，我们还需要用立法指标和执法指标作为补充来考察。

一、样本和数据说明

本书在参照LLSV研究的基础上，新增了中国一个对象[①]，一共对50个国家（地区）进行了讨论[②]，具体指标见表5.5。

表5.5　各国的法律指标数据

Table 5.5　The index data of various countries

国家/地区		立法层面					执法层面		
		（1）法律赋予的资本市场监管机构的权力				（2）对市场参与者信息披露的要求和定责标准		执法层面	
		1.制定规则的能力	2.调查取证权	3.管制能力	4.定罪能力	1.披露要求	2.定责标准	1.执法机构的特征	2.对法律的执行力	3.执法环境
英国法										
1	澳大利亚	1.00	1.00	1.00	0.83	0.75	0.66	0.67	0.75	4.72
2	加拿大	0.50	1.00	1.00	0.83	0.92	1.00	0.67	0.44	4.83
3	香港特别行政区	1.00	1.00	1.00	1.00	0.92	0.66	0.33	0.88	4.17
4	印度	0.50	1.00	0.67	0.83	0.92	0.66	0.33	0.69	3.17
5	爱尔兰	1.00	0.00	0.00	0.83	0.67	0.44	0.00	0.06	4.61
6	以色列	0.00	1.00	1.00	0.50	0.67	0.66	0.67	0.56	4.17

[①] LLSV（2006）中关于各国资本市场的法律指标中一共有49个国家（地区），主要研究方法是通过问卷的方式向各国相关学者和律师调查得到的评分。基于该工作量巨大，不是一己之力可以完成的，本书主要借鉴其数据结果。但是，遗憾的是，在LLSV的研究中，没有中国的相关法律情况。因此，本书将结合其指标体系，算出中国的得分，以此来和各国做对比。

[②] 本书对50个国家（地区）的分类和法律指标汇总见附表5.5。

续表

国家/地区		立法层面						执法层面		
		（1）法律赋予的资本市场监管机构的权力				（2）对市场参与者信息披露的要求和定责标准				
		1.制定规则的能力	2.调查取证权	3.管制能力	4.定罪能力	1.披露要求	2.定责标准	1.执法机构的特征	2.对法律的执行力	3.执法环境
7	肯尼亚	1.00	0.50	1.00	0.67	0.50	0.44	0.33	0.06	1.89
8	马来西亚	0.50	1.00	1.00	1.00	0.92	0.66	0.33	0.19	3.17
9	新西兰	0.00	1.00	0.00	0.33	0.67	0.44	0.33	0.06	5.00
10	尼日利亚	0.50	0.00	0.00	0.50	0.67	0.39	0.67	0.06	1.50
11	巴基斯坦	1.00	1.00	0.17	0.08	0.58	0.39	0.67	0.06	2.50
12	新加坡	1.00	1.00	1.00	1.00	1.00	0.66	0.33	0.75	4.50
13	北美	0.00	0.50	0.00	0.42	0.83	0.66	0.33	0.06	2.33
14	斯里兰卡	1.00	0.50	0.00	0.33	0.75	0.39	0.33	0.50	2.33
15	泰国	1.00	1.00	0.33	0.58	0.92	0.22	0.67	0.50	2.17
16	美国	1.00	1.00	1.00	0.50	1.00	1.00	1.00	0.13	4.33
17	英国	1.00	1.00	1.00	0.42	0.83	0.66	0.00	1.00	4.44
18	津巴布韦	0.00	0.00	0.08	1.00	0.50	0.44	1.00	0.00	1.78
法国法										
19	阿根廷	1.00	1.00	0.08	0.17	0.50	0.22	0.67	0.81	2.53
20	比利时	0.00	0.25	0.00	0.50	0.42	0.44	0.00	0.81	4.67
21	巴西	1.00	0.50	0.75	0.33	0.25	0.33	0.33	0.94	2.22
22	智利	1.00	0.75	0.42	0.50	0.58	0.33	0.33	0.31	4.00
23	哥伦比亚	1.00	0.75	0.33	0.50	0.42	0.11	0.33	0.06	2.22
24	厄瓜多尔	1.00	0.25	0.08	0.42	0.00	0.11	1.00	0.06	2.33
25	埃及	0.00	0.25	0.17	0.42	0.50	0.22	0.67	0.06	2.29
26	法国	0.50	1.00	1.00	0.33	0.75	0.22	1.00	0.56	4.17

续表

国家/地区		立法层面					执法层面		
		（1）法律赋予的资本市场监管机构的权力				（2）对市场参与者信息披露的要求和定责标准	执法层面		
		1.制定规则的能力	2.调查取证权	3.管制能力	4.定罪能力	1.披露要求	2.定责标准	1.执法机构的特征	2.对法律的执行力	3.执法环境
27	希腊	0.00	0.25	0.17	0.50	0.33	0.50	0.67	0.56	3.17
28	印度尼西亚	1.00	1.00	0.25	0.50	0.50	0.66	0.33	0.75	2.67
29	意大利	1.00	0.25	0.00	0.50	0.67	0.22	0.67	0.75	3.00
30	约旦	1.00	1.00	0.67	0.00	0.67	0.22	0.33	0.00	2.89
31	墨西哥	1.00	0.25	0.00	0.50	0.58	0.11	0.00	0.06	2.19
32	荷兰	1.00	0.50	0.25	0.50	0.50	0.89	0.33	0.75	5.00
33	秘鲁	1.00	0.75	1.00	0.50	0.33	0.66	0.67	0.88	2.39
34	菲律宾	1.00	1.00	1.00	0.50	0.83	1.00	0.67	0.06	2.50
35	葡萄牙	1.00	1.00	0.25	0.50	0.42	0.66	0.67	0.06	3.89
36	西班牙	0.00	0.50	0.00	0.50	0.50	0.66	0.67	0.81	4.00
37	土耳其	1.00	1.00	0.00	0.50	0.50	0.22	0.67	0.31	2.67
38	乌拉圭	1.00	0.25	0.50	0.42	0.00	0.11	0.67	0.06	2.78
39	委内瑞拉	1.00	1.00	0.08	0.33	0.17	0.22	0.33	0.06	2.30
	德国法									
40	奥地利	0.00	0.00	0.00	0.50	0.25	0.11	0.33	0.06	4.83
41	中国	1.00	1.00	0.50	0.33	0.67	0.00	0.33	0.06	2.50
42	德国	0.00	0.25	0.00	0.50	0.42	0.66	0.33	1.00	4.67
43	日本	0.00	0.00	0.00	0.00	0.75	0.66	0.00	0.94	4.50
44	韩国	0.00	0.50	0.08	0.33	0.75	0.66	0.33	0.38	2.00
45	瑞士	1.00	0.00	0.00	0.33	0.67	0.44	0.33	0.63	4.61
46	中国台湾	1.00	0.25	0.17	0.83	0.75	0.66	0.33	1.00	3.67

续表

国家/地区		立法层面						执法层面		
		（1）法律赋予的资本市场监管机构的权力				（2）对市场参与者信息披露的要求和定责标准		执法层面		
		1.制定规则的能力	2.调查取证权	3.管制能力	4.定罪能力	1.披露要求	2.定责标准	1.执法机构的特征	2.对法律的执行力	3.执法环境
斯堪的纳维亚法										
47	丹麦	1.00	0.50	0.33	0.00	0.58	0.55	0.00	0.75	5.17
48	芬兰	0.00	0.25	0.17	0.50	0.50	0.66	0.67	0.81	5.22
49	挪威	0.00	0.25	0.33	1.00	0.58	0.39	0.00	0.75	5.11
50	瑞典	1.00	0.25	0.67	0.58	0.58	0.28	0.00	0.25	5.11

1. 法律渊源

法律渊源之所以与股票市场发展相关，是因为它体现了证券法对私人合同的支持效果。不同的法律渊源，意味着制定法律的方式和补充法律的手段存在区别，进而影响到法律的完善和有效性。本书法律渊源的确定基本参照LLSV的研究，分为四个大类：英国法、法国法、德国法以及斯堪的纳维亚法[①]。另外，本书将中国纳入德国法国家。

2. 立法层面的指标

除中国外，其他国家立法层面的指标已经由LLSV的研究给

---

① 英国法属于普通法系，其他属于大陆法系。

出。由于相应的数据取自2006年的研究，而之后并没有更新，因此可能存在一定误差，但是考虑到立法的完善是一个长期的过程，法律环境在短期内应该不会有太大变化，另外，由于涉及国家众多，数据的重测难度较大，基本不可获得，因此我们还是直接选取了LLSV给出的49个国家（地区）的原始数据。中国作为50个国家（地区）中唯一的新加对象，下文将对中国数据的来源和处理给出特别说明。

（1）法律赋予的资本市场监管机构的权力

一是制定规则的能力。关于证券监管机构的立法权，我国《证券法》第179条规定："依法制定有关证券市场监督管理的规章、规则，并依法行使审批或者核准权。"据此，该指标得分为1分。

二是调查取证的权力。该项指标下设2项二级指标：文件要求权和证人传唤权。首先，我国《证券法》第180条明确规定中国证监会有权"查阅、复制与当事人和与被调查事件有关的单位和个人的证券交易记录、登记过户记录、财务会计资料及其他相关文件和资料……"。另一方面，该条同时规定证监会有权"询问当事人和与被调查事件有关的单位和个人，要求其对与被调查事件有关的事项作出说明"。由此可见，文件要求权和证人传唤权的指标都应当赋值1。因此，监管机构的调查取证的权力的得分应该为以上两项的均值1分。

三是管制能力。该项指标由3项二级指标构成，分别对应针对上市公司、承销商、审计方的管制能力，每项二级指标又包括针对各自单位（机构）出现信息披露违规事项的情况时，证券监管机构的停止行动权和责令整改权。目前我国的立法没有赋予证券监管机构在以上情况下，停止上市公司、承销商、审计方行动的权力，而与此同时，《证券法》193规定："发行人、上市公司或者其他信息披露义务人未按照规定报送有关报告，或者报送的报告有虚假记载、误导性陈述或者重大遗漏的，责令改正，给予警告"。这里提到的信息披露义务人应当包括相关的上市公司、承销商、审计方。因此综合来看，针对管制能力的赋值应该为 0.5 分。

四是定罪能力。该项指标由3项二级指标构成，分别对应针对上市公司、承销商、审计方的定罪能力。根据我国《证券法》第69条，在出现对发行人及上市公司公告的信息有虚假记载、误导性陈述或者重大遗漏的情况下，"发行人、上市公司的董事、监事、高级管理人员和其他直接责任人员以及保荐人、承销的证券公司，应当与发行人、上市公司承担连带赔偿责任，但是能够证明自己没有过错的除外。"据此，关于上市公司和承销商的定罪能力赋值应该都为0.5，而审计方的责任认定则并未涉及，因此对审计方的定罪能力得分应该为0。综合来看，针对定罪能力的赋值应该为0.33分。

（2）对市场参与者信息披露的要求和定责标准

一是披露要求。该项指标由6项二级指标构成。首先，关于招股说明书，根据我国《证券法》第64条，公开发行公司股票和债券，应当公告招股说明书，因此，此项得分为1；第二，关于薪酬披露，根据我国的信息披露制度，上市公司应当公开披露全体董事、监事和高级管理人员的薪酬，因此，此项得分为1；第三，关于股权结构，根据我国上市公司年报准则，上市公司应当列出持有本公司5%以上股份的股东的名称和持股数量，因此，此项得分为1；第四，关于内部持股情况，我国法律并没有相关的披露要求，因此，此项得分为0；第五，关于非常规合约，根据我国上市公司年报准则，公司应当披露达到一定条件的重大合同及其履行情况，但并不是所有合同，因此，此项得分为0.5；第六，关于利益相关方的交易，我国上市公司年报准则要求公司披露报告期内达到一定条件的重大关联交易事项，但并不是所有关联交易，因此，此项得分为0.5.综合来看，针对披露要求的赋值应该为0.67。

二是定责标准。该项指标由3项二级指标构成，分别对应针对上市公司、承销商、审计方的定责标准。根据《证券法》第十一章法律责任的规定，我们可以发现，证券法对关于小股东的利益保护的内容提及甚少，在实践中，我国对上市公司及相关人员的处罚也还停留在行政层面，小股东也只能根据《侵权责任法》的相关内容单独提起诉讼保障自己的权益，且维权还受到多方面的限制：原告分散，相对于上市公司处于弱势地位；诉讼期限长，费用成本高；胜诉机会不大，且判决的赔偿额很难得到执行……由此可见，针对定责标准的评分应当为0。

（3）执法层面的指标

一是执法机构的特征。该指标下设3项二级指标：任命方式、固定性和专门性。除中国外，其他49个国家（地区）执法机构的特征数据来源于LLSV的研究。在此仅对中国的指标设定做出特别说明。首先，我国证监会成员的任命方式主要是由国务院直接任命，其独立性受到影响，因此任命方式指标赋值为0；其次，我国国务院对证监会监会成员有免职权，因此固定性指标赋值为0；最后，我国采用分业监管模式，因此专门性指标赋值为1。综合来看，我国执法机构的特征得分为0.33。

二是对法律的执行力。该指标由内幕交易法颁布时间和第一次被应用于处罚违规事件的时间差算得。由于难以获得各国法律执行的情况数据，因此我们只能借鉴现有的研究资料。Bris的研究给出了不同国家在当时的立法和执法实践时间[90]，根据文中给出的数据，我们将所有国家分为三组：假如该国没有颁布过内幕交易法，那么其属于第一组国家，说明这个国家欠缺基本的法律基础，可以视为基本没有对法律的执行力，执行力在所有国家中排在最末；假如该国颁布过内幕交易法但一直没有执行，可以被视为第二组国家，说明这个国家虽然有法律，但执行力非常薄弱，虽然强于第一组国家，但弱于第三组国家；假如该国颁布了内幕交易法且有过执行记录，那么该国被纳入第三组国家，而且其法律颁布和应用的时间差能够反映该国的法律执行力，时间差越小，意味着执行力越强。对于三组国家，我们将其按照执行力强弱顺序排列并换算为0-1之间的得分。但是这样的处理方式需要注意两点：第一，立法和执法的情况仅是当时反馈得到的数据，许多没有颁布法令或没有执行法律记录的国家可能已经在过去几年中有所改善；第二，这种方式得到的执行力数据只能是估算，存在误差。

三是执法环境。该指标下设3项指标，即国家整体法律环境、腐败指数和官僚指数，数据全部来源于ICRG（International Country Risk Guide）数据库。最后换算为1分制。

（4）内幕信息泄露指标

我们选取世界银行《营商环境报告》中的中小投资者保护指数来衡量法律规制的保护效果，该指标是三个方面的简单平均值：关联方交易的透明度（披露程度指数）、对自我交易的问责（董事责任程度指数）以及股东因不正当行为而起诉管理人员和董事的能力（股东诉讼便利度指数）。各国中小投资者保护指数来源于世界银行2012营商环境报告，股市相对规模和流动性数据来源于世界银行WDI数据库，股市波动率来源于Wind资讯，以各国2012年具有代表性的股市指数衡量。

表5.6 法律环境与内幕信息泄露关系（均值检验）

Table5.6 The relationship between legal enviroment and insider information leakage（t- statistic of mean value）

法律渊源	立法层面						执法层面				内幕信息泄露		
	(1) 法律赋予的资本市场监管机构的权力				(2) 对市场参与者的信息披露的要求和定责标准			(1) 对中小投资者的保护效果			(2) 对股市发展的影响		
	1.制定规则的能力	2.调查取证权	3.管制能力	4.定罪能力	1.披露要求	2.定责标准	1.执法机构的特征	2.对法律的执行力	3.执法环境	1.中小投资者保护指数	2.股市相对规模	3.股市波动性	4.股市流动性
英国法vs大陆法系	0.039	-2.08b	-2.57b	-3.26a	-4.97a	-2.60b	-0.64	1.00	0.16	4.07a	2.36b	-1.99c	-1.58
英国法vs法国法	-0.90	0.92	1.8c	3.44b	5.32a	2.48b	-0.48	-0.36	1.13	-3.66a	2.47b	-2.01c	-1.90c
英国法vs德国法	1.18	2.70b	1.87c	2.01c	2.23b	2.04c	1.75c	-1.28	-0.75	-2.89a	0.63	1.90c	-0.029
英国法vs斯堪的纳维亚法	0.67	2.17b	2.50b	-0.76	2.64b	0.99	1.93c	-1.47	-2.78b	1.11	0.61	-1.00	0.36
法国法vs德国法	-1.87c	2.41b	0.78	-0.02	-1.73c	0.20	2.25b	-1.02	1.90c	0.19	-1.79c	0.62	-4.05a
法国法vs斯堪的纳维亚法	1.21	1.94c	1.50	1.04	-1.01	-0.59	2.33b	-1.19	-4.73a	-1.18	-1.38	0.63	-2.16b
德国法vs斯堪的纳维亚法	0.21	0.14	2.21c	-0.57	0.48	0.63	-0.84	-0.25	2.26c	-1.67	0.19	0.65	1.02

注：a表示1%水平显著，b表示5%水平显著，c表示10%水平显著

二、实证检验和结果分析

我们根据不同法系的分类，对法律监管（立法和执法）和内幕信息泄露的代替指标进行了均值t检验，如表5.6所示。

结果发现，第一，作为普通法的英国法和作为大陆法的其他三种法之间，代表法律监管环境的立法和执法情况存在较明显的差异，同时代表内幕信息泄露情况的两项指标也存在差异，这从正面证实了我们的假设：当法律监管存在较大差异时（表现为执法和立法指标的差异），内幕信息泄露情况也存在较大差异（表现为中小投资者保护效果和股市发展状况的差异上）。第二，在大陆法系内部的三种法系之间，代表法律监管环境的指标不存在较大差异，这说明同属大陆法系国家（地区）的法律环境较为相似，而此时我们看到代表内幕信息泄露情况的指标也不存在较大差异，这从反面证实了我们的假设：当法律监管环境较为相似时，内幕信息泄露情况差异不大。

由此，我们已经证实了我们的第一个假设，解决了第一个问题，即法律监管和内幕信息泄露之间确实存在某种联系，接下来我们就要通过回归来证实并分解这种联系。

第四节　法律监管对内幕信息泄露作用机制的实证研究

本小节研究依然是以50个国家（地区）为样本。在变量上，我们将上述立法层面和执法层面的指标作为因变量，内幕信息泄露的指标作为结果变量。基于前文的理论基础，本节提出三个假设：一是法律赋予资本市场监管机构的权力越大，内幕信息泄露程度越低；二是法律对市场参与者信息披露的要求越严格，内幕信息泄露程度越低；三是执法能力越强，内幕信息泄露程度越低。除此之外，为了控制额外的影响因素，本章还将经济社会发展水平作为控制变量。经济社会发展水平体现了国家地区间发展质量的区别。根据LLSV的研究，富裕国家总体上可能有更高质量的金融指导，包括更优的财产权和法律框架设计。另一方面，社会经济发展水平越高，相应的法律规制的投入可能会越高，也会提高法律规制的有效性。经济发展水平数据来源于ICRG（International Country Risk Guide）数据库，其他数据的来源与上文一致。

一、实证检验和讨论

为了研究法律监管对内幕信息泄露的影响机制，我们通过线性回归方法分别单独从立法层面和执法层面考察了法律监管对内幕信息泄露的具体影响。

　　首先，我们用内幕信息泄露指标分别单独对立法和执法指标进行了回归，如表5.7所示。与预期一致，得到的回归结果不太理想。考虑到数据自身的缺陷，这是比较正常的，且回归结果在一定程度上证实了我们的假设。

　　一是关于法律赋予资本市场监管机构的权力的影响。（1）其与中小投资者保护程度是正相关的，其中，监管机构的取证权和定罪能力对中小投资者的保护具有较为显著的影响；（2）其与股市相对规模也是正相关的，其中，管制能力和定罪能力对股市相对规模具有较为显著的影响；（3）其与股市波动性是负相关的，这与我们认为的股市波动性与内幕信息泄露负相关是吻合的，其中监管机构制定规则的能力对股市波动性具有较为显著的影响；（4）其与股市流动性是正相关的，其中管制能力对股市流动性具有较为显著的影响。

　　二是关于法律对市场参与者信息披露的要求的影响。（1）其与中小投资者保护程度基本正相关（虽然定责标准这项子指标前面的系数为负，但是并没有通过显著性检验，且相较披露要求的系数来看，定责标准的系数很小），其中，披露要求对中小投资者的保护具有较为显著的影响；（2）其与股市相对规模也是正相关的，其中，披露要求对股市相对规模具有较为显著的影响；（3）其与股市波动性是负相关的，其中披露要求对股市波动性具有较为显著的影响；（4）其与股市流动性是正相关的，其中披露要求对股市流动性具有较为显著的影响。总体来看，定责标准对四项结果变量均不存在显著影响。

三是关于执法情况的影响。总体来看，剥离立法的影响单独讨论执法的作用，影响并不显著，且每项单独回归的R2较小。这是因为执法本来就处于立法框架规定的范围内，因此相较于立法因素而言，执法因素仅是补充，不如前者作用的直接。对其单独回归的目的只是为了初步筛选出执法中的重要指标，为立法和执法因素的综合考查做准备。

接下来我们选取上述单独回归中立法和执法层面的显著指标进行了综合回归，如表5.8所示。

我们发现，在指标范围全面时，我们得到了较为理想的总体回归结果（R2明显改善）。总体来看，法律赋予资本市场监管机构的权力越大，法律对市场参与者信息披露的要求越严格，相关机构的执法能力越强，内幕信息泄露程度越低，这与我们的预期是一致的。值得注意的是，与我们通常预期不同，当执法机构具有明显的政府干预特征时，投资者保护效果反而较好，这意味着政府干预在维护投资者利益上具有一定作用，这可能是因为在实践中，小股东根据法律提起诉讼维权时相对于上市公司处于弱势地位，且私人执法的成本较高，而政府作用的强化可以提升小股东对私人执法的信心，有效弥补私人执法的这些缺陷。

表5.7　法律监管与内幕信息泄露关系（单独回归结果）

Table 5.7　The relationship between legal system and insider information leakage（the solo regression result）

	中小投资者保护指数		股市相对规模		股市波动性		股市流动性	
立法层面								
（1）法律赋予资本市场监管机构的权力与内幕信息泄露								
1.监管机构制定规则的能力	−0.6006		2.532		−5.089	−6.370b	0.1852	
	（−1.11）		（0.126）		（−1.34）	（−1.83）	（0.008）	
2.监管机构的调查取证的权力	1.382c	1.238b	22.42		−4.282		16.02	
	（1.85）	（2.13）	（0.804）		（−0.815）		（0.496）	
3.管制能力	0.1427		31.25	45.75b	−1.319		24.18	43.18b
	（0.191）		（1.12）	（2.11）	（−0.251）		（0.748）	（1.80）
4.定罪能力	1.659c	1.819b	80.17b	72.51b	−4.579		52.79	
	（1.76）	（2.12）	（2.27）	（2.17）	（−0.689）		（1.293）	
控制变量：经济社会发展水平	0.1859c	0.1827b	5.146	4.976b	−0.9138	−1.022	5.765	6.369
	（2.00）	（1.99）	（1.48）	（1.45）	（−1.39）	（−1.61）	（1.43）	（1.63）
R2/校正R2	0.26/0.18	0.24/0.19	0.29/0.21	0.28/0.23	0.16/0.06	0.11/0.08	0.16/0.06	0.13/0.09

	中小投资者保护指数		股市相对规模		股市波动性		股市流动性	
立法层面								
（2）对市场参与者信息披露的要求和定责标准与内幕信息泄露								
1.披露要求	2.568b	2.543b	129.5a	159.6a	−11.07	−13.41b	103.9	118.9b
	（2.25）	（2.62）	（3.32）	（4.78）	（−1.40）	（1.99）	（2.27）	（3.03）
2.定责标准	−0.0431		36.47		−4.117		26.37	
	（−0.042）		（1.05）		（−0.585）		（0.644）	
控制变量：经济社会发展水平	0.171b	0.171b	4.550		−0.7991	−0.8101	5.072	5.142
	（1.82）	（1.84）	（1.42）		（−1.23）	（−1.26）	（1.35）	（1.37）
R2/校正R2	0.21/0.16	0.21/0.18	0.37/0.32	0.32/0.31	0.13/0.08	0.13/0.09	0.23/0.18	0.22/0.19
执法层面								
1.执法机构的特征	−1.108	−1.094	−16.62		6.277		4.842	
	（−1.24）	（−1.26）	（−0.478）		（1.03）		（0.13）	
2.对法律的执行力	−0.203		22.00		0.119		46.19	60.02b
	（−0.267）		（0.744）		（0.023）		（1.48）	（2.21）
3.执法环境	0.028		3.108		−0.084		3.816	
	（0.077）		（0.222）		（−0.034）		（0.26）	
控制变量：经济社会发展水平	0.182	0.180	4.277		−0.816		3.161	
	（1.08）	（0.079）	（0.652）		（−0.713）		（0.46）	
R2/校正R2	0.13/0.05	0.13/0.09	0.1/0.02		0.07/0.0		0.11/0.03	0.09/0.07

注1：每项回归有两列结果，第一列为对所有自变量进行回归，第二列为选择显著变量进行回归。

注2：a表示1%水平显著，b表示5%水平显著，c表示10%水平显著。

表5.8　法律监管与内幕信息泄露（综合回归结果）

Table5.8　The relationship between legal system and insider information leakage（the comprehensive regression result）

	中小投资者保护指数	股市相对规模	股市波动性	股市流动性
1.1 监管机构制定规则的能力			−6.345b	
			（−1.87）	
1.2 监管机构的调查取证的权力	1.512b			
	（2.62）			
1.3 管制能力		25.29		
		（1.22）		
1.4 定罪能力	1.926b	57.37b		
	（2.32）	（1.87）		
2.1 披露要求		123.2a	−14.75b	118.3a
		（3.47）	（−2.27）	（3.09）
2.2 定责标准				
3.1 执法机构的特征	−1.681b			
	（−2.07）			
3.2 对法律的执行力				48.27b
				（1.91）

续表

	中小投资者 保护指数	股市相对规模	股市波动性	股市流动性
3.3 执法环境				
控制变量：经济 社会发展水平	0.1235			
	（1.33）			
R2/校正R2	0.31/0.25	0.40/0.37	0.16/0.12	0.25/0.21

注：a表示1%水平显著b，表示5%水平显著，c表示10%水平显著。

二、稳健性检验

为了保证结果的稳健性，我们将50个国家（地区）按国家类型（发展中国家和发达国家）分组，参照上述综合回归的方法，分别对两类国家进行了回归，结果如表5.9所示。我们发现，回归结果良好，稳健性检验通过。

表5.9　稳健性检验一（发展中国家）

Table5.9　The robustness test（the developing countries）

	中小投资者保 护指数	股市相对规模	股市波动性	股市流动性
1.1 监管机构制 定规则的能力			−15.72b	
			（−2.62）	
1.2 监管机构的 调查取证的权力	0.8623			
	（0.971）			
1.3 管制能力		16.50		
		（0.95）		

续表

	中小投资者保护指数	股市相对规模	股市波动性	股市流动性
1.4 定罪能力	1.769	44.60c		
	（1.40）	（1.69）		
2.1 披露要求		102.68a	−22.64b	61.11b
		（4.00）	（−2.26）	（2.99）
2.2 定责标准				
3.1 执法机构的特征	−0.193			
	（−0.148）			
3.2 对法律的执行力				11.32
				（0.73）
3.3 执法环境				
控制变量：经济社会发展水平	0.2195			
	（1.57）			
R2/校正R2	0.22/0.09	0.53/0.47	0.27/0.22	0.28/0.22

表5.10　稳健性检验二（发达国家）

Table5.10　The robustness test（the developped countries）

	中小投资者保护指数	股市相对规模	股市波动性	股市流动性
1.1 监管机构制定规则的能力			0.066	
			（0.029）	
1.2 监管机构的调查取证的权力	2.786a			
	（3.55）			
1.3 管制能力		25.47		
		（0.444）		

	中小投资者保护指数	股市相对规模	股市波动性	股市流动性
1.4 定罪能力	1.638	63.67		
	（1.60）	（1.00）		
2.1 披露要求		145.36	−10.10c	214.3b
		（1.15）	（−1.86）	（2.19）
2.2 定责标准				
3.1 执法机构的特征	−3.530a			
	（−3.74）			
3.2 对法律的执行力				69.21
				（1.13）
3.3 执法环境				
控制变量：经济社会发展水平	−0.3712			
	（−1.48）			
R2/校正R2	0.61/0.52	0.33/0.12	0.21/0.12	0.25/0.17

第五节　本章小结

本章从法律规制的角度研究其对内幕信息泄露的影响，具体来说，从立法和执法两个层面，研究法律规制对抑制内幕信息的作用机制和路径，并基于此，提出如何完善抑制内幕信息泄露的法律规制。通过前文的实证研究，我们从立法和执法两方面分别证实了它们各自对内幕信息泄露的遏制作用和影响机制。

一是在立法层面，立法的完善有助于提高对中小投资者的保护程度，建立证券市场的良性运行机制，这两个目标的达成伴随着包括内幕信息泄露在内的证券市场违规行为的减少。对于监管机构来说，法律赋予监管机构的权利越大，证券市场发生内幕信息泄露的可能性越低。具体来看，强化监管机构的调查取证权和定罪权，能够有效改善投资者保护情况；提高监管机构的制定规则权、调查取证权、管制权和定罪权，有利于促进股市的健康发展。其次对于上市公司、中介机构来说，建立严格的信息披露法规制度可以约束上市公司和中介机构的行为，从而保护中小投资者的合法权益，同时保障股市健康有序的发展。

二是在执法层面，在立法已经确定的情况下，反映抓捕能力和执行意愿的执法能力的提升在一定程度上能够促进证券市场的发展，但不是影响内幕信息泄露情况的主要因素。而政府对执法机构干预的加深，带来了投资者保护程度的提高，从这个角度看，政府干预对遏制内幕信息泄露等不公平行为起到了积极的作用。

三是关于如何完善我国法律监管的建议。首先，要完善证券市场法律法规，健全问责制度。正如前文所述，我国定责标准和定罪能力还存在明显不足，因此在立法时需要进一步细化违法行为认定标准，同时提高处罚标准。为了提高法律法规的可执行性，还需要在立法中对监管措施和手段加以拓展。我国对小股东利益保护的内容提及甚少，因此还需要建立专门的投资者保护法律法规，建立健全投资者补偿制度。我国应当及时修法，修法间隔不能过长，必须适时反映监管执法经验和趋势。其次，要建立健全执法机制，提升监管作为能力。针对我国执法资源投入不足的问题，我国需要培育证券市场专业监管人才和队伍，保障专项资金供给。针对执法意愿不强的问题，要保障执法人员安全，完善执法能力考核评价机制，强化其监管作为意识。针对我国法制环境不良的问题，要加强证券市场法制意识教育，培养良好的社会风气。最后，要强化政府监督职能，加大投资者保护制度供给。我们需要发挥政府干预的积极作用，建立统一的违法线索监控监测平台，健全支持投资者维权的公共机构，加强与有关部门的合作，引导媒体发挥监督作用，激励社会力量参与举报违法违规案件，弥补单纯由监管部门主动执法的不足。

第六章
我国证券市场内幕信息泄露的监管对策
——建立"四位一体"的内幕信息监管机制

第一节　"四位一体"监管体系的总体设想

内幕信息泄露在实践中被各国普遍定性为犯罪行为，但是在国内外专门分析其泄密动因的文献基本没有，如何针对内幕信息泄露来制定监管体系还是个有待深入研究的领域。正如霍姆斯大法官在100多年前就曾经这样预言"对于法律的理性研究，目前还是白纸黑字的研究，但未来必然是统计学家和经济学家的天下"[104]。芝加哥大学法学院的兰戴斯和波斯纳两位教授也曾在其对法律经济学影响进行定量分析的论文中的题记中写道"当你能够测量你所谈论的事情，并且用数字来表达时，你的确了解了一些事情；但是，如果你没法进行测量，没法用数字来表达，你的知识是贫乏、难以令人满意的：虽然这可能是知识的开端，但你的思想通常还没有达到科学程度，不管你的知识有多深。"

为了"让我们说得更精确些",本书的第三章将借鉴犯罪经济学的相关研究,犯罪经济学的主要观点是行为人之所以犯罪,在于行为人是理性的,是精于计算的收益最大化者,在其权衡犯罪所得大于因犯罪可能导致遭受诸惩罚的损失后,追求利益的动机刺激其实施犯罪。理论模型的研究发现,国家层面的法律惩罚、公司层面上的公司治理结构的完善程度以及行为主体的工资对行为主体选择泄露内幕信息行为具有负向抑制作用;在个人层面方面,违法泄密给其带来的心理满足程度对其泄密行为选择有正向刺激作用,其对泄密活动的心理认同度、因为违法被定罪而受到的社会影响程度、受教育程度三个因素则对行为主体的行为选择有负向抑制作用。那么,在这些因素中哪些因素影响最大?同一因素对接触内幕信息的不同人群的影响是否又一致呢?本书的第四章基于前面的理论分析,通过分场景的情景测试方法,对影响我国上市公司内幕信息泄露的各个因素进行实证分析,研究在不用群体中各因素的具体影响程度。研究发现:(1)各个因素是共同作用影响行为人的选择倾向,即选择倾向是诱导变量和抑制变量合力作用的结果,各个变量之间存在相互作用,通过直接和间接作用共同对选择倾向产生影响。但是外部的综合监管因素对行为主体泄密决策的影响最大,也就是说,负向指标的抑制作用要大于正向的激励作用。这个综合监管是多方位的,不仅包括法律惩罚的确定性、严厉性和及时性,还有媒体监管、中介、公众的监管、上市公司自身的公司治理水平，甚至还包括整体的社会氛围。只有建立多方面的监管体系，通过各因素的综合作用，才能真正抑制行为主体的泄露内幕信息的行为。（2）自我约束能力越强，泄密倾向越差。自我约束能力具体是指对泄密行为的内疚感、对法律的认同，有意思的发现是，在所有的影响因素中，对行为主体影响最大的单个因素竟然是自我约束。特别对于内幕信息泄露这类犯罪成本低、不易被发现，极具隐蔽性的违法行为来说，自我约束的作用在一定程度上对行为主体的约束能力要大过法律的威慑力，毕竟"道德是内心的法律"[①]。（3）物质激励指数越高，表明泄密行为给行为主体带来预期的超额收益回报越低，行为主体的泄密倾向就差。可见，在物质激励方面，内幕信息泄露和其他经济性犯罪行为类似，物质所带来的满足感的激励作用影响很大。这解释现实中为什么那么多行为人铤而走险，为了获取超额收益最终选择了泄露内幕信息。

基于以上研究发现，本书认为长期来看，对于抑制资本市场内幕信息泄露，要建立一个涵盖国家法律、公司治理结构完善程度、行为主体的心理三个层面的监管体系，即从事前防范、事中监控和事后惩处对内幕信息泄露进行监管，才能有效抑制内幕信息泄露。而从短期来看，由于法律的完善和执法能力的提高，不是一蹴而就的。在立法和执法都尚未完善的阶段，法律威慑力对

---

① 习近平.加快建设社会主义法治国家[J].求是，2015（1）.

于抑制内幕信息泄露确实有限。在此情况下，抑制内幕信息泄露行为的发生，更多的自然是要依靠行为主体对法律的认知和道德水平了，毕竟"道德是内心的法律"。因此，对于内幕信息的监管更要重视对市场参与者道德水平的建设，短期内还要加强市场参与者心理层面的建设。此外，是否可以考虑在靠法律手段、行政手段进行监管的同时，再挖掘市场的力量，通过资本市场的资源配置作用，去引导市场参与者特别是引导上市公司自觉主动地加强内幕信息管理水平，从根本上抑制内幕行为的发生。

简答地总结一下，本书对于内幕信息泄露的监管总体思路是，建立事前防范–事中监控–事后惩处和激励引导机制相结合的四位一体监管体系。具体操作起来，考虑到不同因素的影响程度以及实施的难易程度，本书建议，在短期，侧重点在于短期内还要加强市场参与者心理层面的建设；在长期，加强法律的完善和执法的能力，让一切违规行为暴露在阳光下，无处可藏。

第二节　事前预防–事中监控–事后惩处的监管机制

一、基于心理层面的事前预防

前文分场景的实证研究表明，和正向激励相比，负向指标的抑制作用更大，而其中起重要作用的是自我约束指标。本书的发现虽然有悖于一般认知（通常情况下，我们不可避免地会先入为主地认为法律的抑制作用最大），但也和现实情况很吻合。因为作为一种犯罪成本低、调查取证难、隐蔽性很强的违法行为，在立法和执法都尚未完善的阶段，法律威慑力对于抑制内幕信息泄露确实有限。在此情况下，抑制内幕信息泄露行为的发生，更多地自然是要依靠行为主体对法律的认知和道德水平了，毕竟"道德是内心的法律"。因此，对于内幕信息的监管更要重视对市场参与者道德水平的建设，如发挥行业自律机构的作用，加强法制教育和职业素养培训，并将其制度化和常规化，在资本市场中营造爱岗敬业、诚实守信的市场氛围等。

具体来说：首先，加强对证券市场参与人员的职业道德教育，加强证券行业自律组织的建设，完善从业人员声誉机制建设，使从业人员自觉构筑牢固的心理防线，树立自律意识和正确的职业道德感。其次，加强法制教育，使法制观念深深根植于与从业人员的内心，形成对法律的敬畏感，自觉抵制投机取巧钻空子行为。最后，加强精神文明建设，消除极端个人主义、拜金主义思想，营造健康、和谐的社会环境，增强证券市场参与者抵御内幕信息泄露的自觉性和能动性。通过个人道德、法律的教育，以及社会氛围的改善，降低泄密带给从业人员的刺激感，增加其泄密后的内疚感，提高违法后受到的社会影响，在事前尽可能地减小出现泄露内幕信息的可能性，将社会损失最小化。

二、基于公司治理的事中监控机制

事中监控的意义在于及时发现泄露内幕信息活动，尽早地阻止信息进一步泄露，不仅将违法泄密带来的损失降到最低，同时尽可能地增大法律惩罚的及时性对行为主体的威慑力。上市公司内幕信息被行为主体泄露出去后，最终将通过证券交易实现被泄露信息的价值，因此，监管机构可以通过建立证券交易的实时监控系统，形成泄密预警机制，来加强对异常股票交易的监控。在发现异常交易后，通过专门的机构，运用一定的识别指标进行甄别，及时发现可疑对象以阻止泄密行为。而实践中，我国上市公司内幕信息保密方面的有效规制不足，仅有《关于上市公司建立内幕信息知情人登记管理制度的规定》等相关规定，都与我国资本市场快速发展的现状不相适应。因此，本书建议：

一是要加强对内幕信息知情人登记管理制度的落实，使监管部门能够对内幕信息知情人进行有效监控。扩大内幕信息知情人登记的范围，考虑增加对"临时内部人"的监管。2011年证监会颁布了《关于上市公司建立内幕信息知情人登记管理制度的规定》（后文简称《规定》）中对内幕信息知情人的界定与《证券法》第74条规定相同，主要涉及上市公司的高管、大股东、中介机构等。但是对高管的亲属以及上市公司的相关主管部门并没有具体规定。实践中，内幕信息泄露的主体往往不仅局限与此，虽然目前我国已发生的内幕信息泄露案件中，上市公司高管是最主要的泄密主体，但是高管亲属和相关主管部门泄密现象也十分普遍。因此，应将内幕信息知情人的配偶、家属列入内幕知情人监管范围。此外，虽然《规定》中对行政管理人员接触到内幕信息做了相关规定，但是还要进一步加强对主管部门政府工作人员的监管（如南京经委主任涉嫌ST高陶内幕交易案就是典型的政府工作人员利用内幕信息不当获利）。

其次，增加内幕信息相关方的登记管理工作，形成完整的内幕信息保密和知情人登记体系。《关于上市公司建立内幕信息知情人登记管理制度的规定》主要是针对上市公司的内幕信息进行管理，规范上市公司内幕信息知情人的登记工作。上市公司董事会保证内幕信息知情人档案真实、准确和完整，董事长作为管理的主要责任人。而对于上市公司之外的内幕信息知情人的登记工作主要根据《证券法》《上市公司内幕信息披露管理办法》《上市公司重大资产重组办法》等相关法规，对持有公司5%以上股份的股东、实际控制人、收购人、重大资产重组交易对方、中介服务机构以及其他内幕信息知情人的信息保密及配合信息披露义务做了要求。但这些相关法律法规只是对上述相关方如何配合上市公司做好内幕信息知情人登记工作进行规定，而对这些内幕信息的相关方内幕信息的登记管理工作方面还缺乏详细规定，特别是责任义务还需进一步明确。实践中，往往是上市公司对内幕信息的保密意识较强，而其他相关方由于缺乏相关管理和跟踪机制，对内幕信息的保密意识不强，导致内幕信息的泄露事件的发生。因此，本书建议，除了规范上市公司内幕信息知情人登记制度之外，还应将该制度覆盖到其他内幕信息相关方。只有将所有接触到内幕信息的主体都置于监管之下，才能最终形成一个完整的、系统的内幕信息保密和知情人登记体系。此外，还应加强内幕信息知情人数据库的建设，通过数据库的建立和网络化的登记，全面采集内幕信息知情人信息。通过建立完整的内幕知情人登记体系，使其成为防控和打击内幕信息泄露、内幕交易的有效手段。

最后，加强对并购重组阶段的内幕信息监管，建立内幕信息泄露的识别机制。从前文对上市公司内幕信息泄露的客体分析，不难看出并购重组阶段内幕信息泄露现象最为严重。国内并购活动中极易滋生内幕交易，在国外也是如此，如Keown and Pinkerton等人相关研究表明企业购并消息公布前被购并公司股票的具有明显额外收益，并购重组前内幕信息泄露现象较为普遍[105]。国内外经验表明，上市公司内幕信息泄露的监管重点应该是并购重组阶段。虽然《关于上市公司建立内幕信息知情人登记管理制度的规定》对并购重组也做了特别规定"上市公司进行收购、重大资产重组、发行证券、合并、分立、回购股份等重大事项，除按照本规定第六条上市公司内幕信息知情人档案外，还应当制作重大事项进程备忘录，内容包括但不局限于决策过程中各个关键时点的时间、参与筹划决策人员名单、筹划决策方式等。"但基于我国目前内幕信息泄露监管法律还不是十分完善的情况下，本书建议，针对上市公司并购重组等内幕信息泄露的高发阶段，在加强上市公司内幕信息知情人登记管理的基础上，还要建立上市公司内幕信息泄露的识别监管机制，建立并购重组审核与股票异常交易"挂钩制"，将事前的内幕信息知情人登记制度与事中的内幕信息泄露识别机制相结合，多管齐下，有效预防、打击并购重组等高发阶段的内幕信息泄露违法为违规行为。

此外，前文调查问卷的研究发现，公司内部知情人，还受包括公司内部管理、信息披露、薪酬制度在内的管理机制的影响，说明了公司治理对于公司内部知情人员是否泄密具有重要影响。因此，还要完善上市公司及中介机构的治理结构方面。健全上市公司内部控制制度，制定与公司治理相融合的激励机制，发挥独立董事和审计委员会在公司治理中的作用，从制度设计上堵塞公司人员可钻的空子；设立内幕信息的专人管理制度，明确其具体职责、权限；当内幕信息涉及多个公司或相关关系人时，可设立专题保密协调机构，由该机构统筹建立统一承诺管理制度，签订内容相同的内幕信息保密责任书。

三、基于法律的事后惩罚

泄露内幕信息事件源源不断的一个关键原因就是泄露内幕信息行为的事后惩处力度不够大，导致违法泄密活动的成本小、收益大，成本与收益不相匹配。为减少内幕信息泄露事件的发生，必须加大违法成本，增强法律的威慑作用，从事后惩罚方面来防治内幕信息泄露。

我国资本市场具有"新兴"和"转轨"的双重特征。证券市场20多年的发展历史并不算长，我国对证券市场的规范能力还处于不成熟的阶段，无论是立法还是执法水平都还存在较大的提升空间。对照本书建立的法律监管评价指标，我们发现我国法律监管还存在定责标准过高，定罪能力不足，法律执行力不强，执法环境较差等现象。在建设我国证券市场的过程中，基本是按照"法规先行，执法缓进"的思路建立监管制度，立法和执法之间的配合机制还需要在继续实践中逐步完善。法规得不到有效执行的原因，一方面可能是立法"不接地气"、不具体，修法"姗姗来迟"、补漏慢，导致难以执行，另一方面可能是执法体制自身存在障碍，影响了法律的实施。例如我国立法中监管机构的制定规则权和调查取证权虽较大，但是我国监管人员和资金投入不足、社会人情世故影响犹存、法制意识薄弱等原因仍然导致调查和执法困难。我国资本市场案件查实率只有60%-70%。因此，在接下来的资本市场建设中，我国还需要进一步推动立法和执法各自完善又相互匹配的证券市场监管体制。具体措施有：

一是加强相关立法，完善证券违法立法体系建设。当前我国的证券刑法虽然有了较大的发展，但是总体还是显得粗糙，原则性有余，操作性欠佳。应该尽快制定《刑法》的补充规定和司法解释，把《证券法》与《刑法》更紧密地结合在一起，形成科学的内幕信息泄露违法犯罪的刑事法律法规，保障证券市场稳定、健康地发展。我国定责标准和定罪能力还存在明显不足，因此在立法时需要进一步细化违法行为认定标准，同时提高处罚标准。为了提高法律法规的可执行性，还需要在立法中对监管措施和手段加以拓展。我国对小股东利益保护的内容提及甚少，因此还需要建立专门的投资者保护法律法规，建立健全投资者补偿制度。我国应当及时修法，修法间隔不能过长，必须适时反映监管执法经验和趋势。此外，还要完善民事法律责任制度。关于向谁赔偿，在内幕交易人卖出或者买入股票的当日，直接与内幕交易者买卖证券的投资者因为没有获得该内幕信息，所以做出了错误的投资决定，这种直接相反交易的当事人才可以作为原告提出索赔请求。关于具体的赔偿金额，我国可以借鉴美国的差价计算法来确定内幕交易赔偿金额。另外，如果内幕人已经承担了行政上被没收违法所得，并被处以罚款的处罚，当原告请求赔偿时，内幕人没有赔偿能力了，该怎么办？内幕交易的社会危害性在于损害投资者的利益，所以应当在对私权进行充分救济之后再让内幕人承担社会责任，否则受损的是投资者，获利的是国家，不符合"填平"原则，对于投资者来说是非正义的。鉴于证监会对内幕人的处罚往往在前，其罚款可能先得到执行，那么我国可以借鉴美国民事赔偿优先原则，法院可以判决证监会返还部分款项来支持民事赔偿金额。

二是建立健全执法机制，提升监管能力。首先加大对泄露内幕信息行为的查处力度。加强专门打击证券违法的证券警察队伍建设，设立举证保密制度，鼓励各方检举揭发泄露内幕信息行为，构建包括证监会、证交所、中介机构、公安机关、新闻媒体、社会公众在内的联合监管系统，提高监管效率，在加大对泄密行为的查处力度的同时，也提高法律惩罚的及时性。其次，提高对泄密行为的惩罚力度。目前我国对泄露内幕信息案件的处罚类型大多是罚金，少数几例被处以资格刑。被处以罚金案件没有违法所得或者违法所得不足三万元的都处以三万元的罚款，违法所得在三万元以上的都是处以一倍的罚款，这种程度的惩罚威慑力有限，必须适当提高对泄密行为的惩罚力度。

三是在完善监管体系方面，还要着力建立证券监管机构对内幕交易的多层次监管体系。我国证券市场出现较晚，因此必然要经历逐步完善才能够逐渐形成有效的监督管理体系，积极参考和合理引入英美等先进国家的成熟管理经验，为我国在该领域监管机构之间的关系更加合理提供指导，形成一个统一的、有序的、多层次的监管体系——政府主导的集权管理与行业自律管理相结合的监管体系，使得不同机构的职责职权更加明确、互不干扰，特别要分清证监会、人民银行、以及金融办等地方政府管理机构各自的管理领域，降低多头管理带来的负面监管后果，增进我国证券管理的权威性和执法有效性，进一步完善证券市场各个机构的自律机制。

第三节　抑制内幕信息泄露的激励机制

抑制内幕信息泄露，除了法律的威慑、个人的自觉、加强公司治理之外，还需要通过市场资源的作用有效引导上市公司自觉加强内幕信息的管理水平。本书认为要完善上市公司信息保密制度，一方面要靠法律法规惩治手段，另一方面还要有相应的激励机制。本书仅以资本市场融资为例，希望能对建立我国内幕信息泄露的激励机制起到抛砖引玉的作用。

具体来说，结合上市公司再融资配给的特点，研究如何通过制定相应的激励机制引导上市公司从内部加强内幕信息的保密管理，做好上市公司内幕信息的自发性事前管理。根据资本市场融资配给的特点，提出上市公司内幕信息保密的激励机制，即证监会通过对上市公司内幕信息保密水平进行评级，对于内幕信息保密评级高的上市公司在再融资上给以优先考虑，满足其融资需求。并根据贝纳西非均衡市场的理论，在原有的价格信号和数量信号的基础上新增了评级信息，证明了资本市场均衡的存在性；与未引入上市公司内幕信息的评级信号相比，该激励机制不仅可以引导上市公司主动遵守相关法律，自主提高内幕信息保密水平，还可以通过非均衡资本市场中有效需求的溢出效应，引导上市公司自主完善内幕信息的相关保密制度。

一、资本市场的融资配给现象

资本市场的融资配给来自信贷配给[①]的概念（斯蒂格利茨，1981）。"配给"实际上就是一种限制，当一种物品的需求大于供给时便会产生配给。"信贷配给"是指商业银行在面对超额的融资需求时，不完全依靠价格机制，即不完全依靠利率机制，而是采取一些非利率的贷款条件，比如信用记录，担保条件，贷款风险和企业发展前景等因素，使部分资金需求者退出银行借款市场，以消除超额需求而达到平衡。

上市公司通过在证券交易所上市可以筹集大量资金，随着公司的发展和业务需要，上市公司通过首发（IPO）在资本市场进行融资后，还可以通过配股、增发和发行可转换债券等方式筹集更多的资金实现再融资。由于不是所有的资金需求都能得到满

---

① 1981年斯蒂格利茨和韦斯在《美国经济评论》上发表的文章《不完全信息市场中的信贷配给》，对不完全信息下的信贷配给做了经典性的证明。

足，资本市场的融资需求不完全依靠价格机制，还要根据一些如上市公司经营状况、财务指标、企业发展前景等条件进行配给，这就是资本市场的融资配给现象。但是在这些相关条件中，对于上市公司内幕信息方面只规定了不得有违法违规行为。为了从根本上促进上市公司提高内幕信息保密工作水平，杜绝内幕信息泄露和内幕交易等行为，本书认为应建立上市公司内幕信息保密的激励机制。具体而言，根据资本市场的融资配给现象，即在上市公司再融资的考核体系中增加对上市公司内幕信息保密工作水平这个维度的度量，对上市公司的内幕信息保密工作水平进行评级，在其他条件相同的情况下，优先考虑满足评级高的上市公司的融资需求，通过这种事前激励机制的设计促使上市公司加强内幕信息保密制度的完善，从根本上杜绝内幕交易等违法行为。

二、模型假设

假设1（产品市场假设）：上市公司j在产品市场中的利润函数为$R_j = PQ(M_{jf}) - rM_{jf} - C(l_i)$，为了直观地分析将内幕信息保密水平评级纳入上市公司再融资的考核机制后对上市公司提高保密水平的引导作用，故此处假设利润函数只与投资的资金M_j有关系。r作为给定的价格信号，是上市公司j在资本市场的融资成本。$C(l_i)$是上市公司j为了加强内幕信息保密的管理而付出的成本，与上市公司内幕信息保密水平评级l_i成正比，这种成本具体包括内幕信息保密的相关制度制定、信息系统的建立和完善、信息保密的日常监督管理成本等。P是上市公司j生产的最终产品价格，外生变量，由产品市场决定；上市公司j产出水平$Q(M_j)$低于市场客观需求水平，$PQ(M_j)$代表企业j的总收入；利润函数R_j满足$R_j(0)=0$，$R_j'(M_{jf})>0$，$R_j''(M_{jf})<0$。

假设2（资本市场假设）：上市公司j在证券市场进行融资，$j=1,2,\cdots,n$上市公司j的融资M_j分为两个部分$M_j=M_{j0}+M_{jf}$，一部分是上市公司的初始融资M_{j0}，为常数；另一部分是上市公司的再融资M_{jf}，具体包括指上市公司通过配股、增发和发行可转换债券等方式在证券市场上进行的直接融资。同时假设上市公司的初始融资M_{j0}无法满足其资金需求，该假设符合我国上市公司发展面临巨大的资金缺口的现实情况。根据Wind资讯统计，2011年至2015年我国上市公司仅通过配股和增发实现再融资4935亿元、4212亿元、3581亿元、4005亿元、6967亿元，上市公司再融资总量远超首发新股募集资金总量，融资需求缺口巨大。

假设3（融资配给假设）：资本市场的融资配给限制使得不是所有上市公司的融资需求都能得到满足，上市公司j的融资限制可以表示为$M_{jf}\le\overline{M}_{jf}$，也就是说，上市公司$j$的再融资需求要受到资本市场的限制$\overline{M}_{jf}$，即融资上限为数量信号$\overline{d}_j=\overline{M}_{jf}$。

假设4（内幕信息保密的评级信号假设）：该激励机制可以抽象理解为在其他条件相同的情况下，优先考虑满足内幕信息保密评级高的上市公司的再融资需求。令上市公司内幕信息保密的评级信号为l_i，对应不同的评级信号相应的有不同的融资限额$\overline{M}_{if}(l_i)$，其中为了简化分析，设定$\overline{M}_{if}(l_i)$是关于评级信号l_i的线性增函数$\overline{M}_{if} = \overline{M}_{if}(l_i)$，上市公司$j$的融资约束条件变为$M_{if} \leq \overline{M}_{if}(l_i)$。在其他条件相同的情况下，上市公司$j$可以通过提升自身对内幕信息保密水平来增加再融资的限额。

三、基于非瓦尔拉均衡理论的内幕信息保密激励机制

非瓦尔拉均衡理论是在对占主流地位的瓦尔拉一般均衡理论进行批判的基础上逐步发展起来的。瓦尔拉一般均衡实际上只是描绘了一种特殊的均衡状态，在这种状态中，微观行为人唯一地根据价格信号做出选择，通过价格的充分调整，保证了使所有市场的供求都趋于相等。但是不是所有的市场都可以通过价格信号进行配给，非均衡学派学者Benassy将非均衡理论微观化，考察了非均衡条件下的实际交换过程，研究了不同的配额机制及与之相联系的均衡状态。考虑到资本市场的融资配给限制，不是所有的融资需求都能得到满足，本书将基于贝纳西的非均衡分析框架，并在原有的价格信号和数量信号的基础上，引入上市公司内幕信息保密的评级信号，并分析该激励机制对资本市场资源配置的引导作用。

在传统的瓦尔拉一般均衡框架下，市场上所有的需求和供给

都能相匹配，当需求仅仅是价格信号的函数时叫作瓦尔拉需求。但是由于资本市场融资配给的限制，引入数量信号之后，瓦尔拉需求要被非瓦尔拉均衡下的有效需求所代替。Benassy（1982）论证只要配额计划满足自愿交易和市场效率的条件，对于每一个价格信号和每一个配额计划（即数量信号）集合，固定价格均衡（简称K均衡）都存在。具体而言，固定价格均衡是指在对应的价格信号r、数量信号$\overline{d}$下的有效需求、交易及约束条件的集合。

1.未引入评级信号的有效需求和固定价格均衡

有效需求是指市场行为人j在将除了价格信号以外的其他约束（如金融市场中融资配给的限制，即数量信号）考虑进来后的最大化自身效用函数的交易。在没有引入上市公司内幕信息保密评级的激励机制的非均衡分析中，上市公司j的有效需求仅仅与价格信号和数量信号有关，记为$\tilde{\zeta}(r,\overline{d})$，是下面规划的解：

$$\max PQ(M_{jf}) - rM_{jf}$$
$$s.t \qquad M_{jf} \leq \overline{M}_{jf} \qquad (6.1)$$

解该规划得到：有效需求的表达式为$\tilde{\zeta} = \min\{Q'^{-1}(\frac{r}{P}), \overline{M}_{jf}\}$，当不存在融资限额的情况下，即没有数量信号限制时该有效需求就等同于无约束条件下利润最大化的瓦尔拉需求$Q'^{-1}(\frac{r}{P})$，只与价格信号相关；当融资配给现象存在时，即上市公司再融资需求不能等到满足时，即$\overline{M}_{jf} \leq Q'^{-1}(\frac{r}{P})$，上市公司$j$由于融资配给的存在没法实现达到其无约束下的利润最大的交易量，也就是说，实际融资要小于他们的最优资金需求。此时，固定价格均衡（简称K均衡）是指满足下面条件的集合，其中$\tilde{d}_j$表示为效需求，d_j^*是最终交易，$\overline{d}_j$可认知的数量约束。

$$\tilde{d}_j = \tilde{\zeta}(r, \overline{d}_j)$$
$$d_j^* = \overline{M}_{if}$$
$$\overline{d}_j = \overline{M}_{if}$$

2. 引入上市公司内幕信息保密工作水平的评级信号

如假设4，本书提出的我国上市公司内幕信息的保密激励机制不是依靠政府行政手段和法律法规的惩罚手段，而是通过在上市公司再融资的审批中引入内幕信息保密工作水平这一考核维度，通过金融市场的激励机制和市场调节作用引导上市公司自主提高内幕信息管理水平。在其他条件相同的情况下，优先考虑满足内幕信息保密评级高的上市公司的再融资需求。在上市公司再融资中引入内幕信息保密激励机制之后，对于上市公司 j 在资本市场中的有效需求，标记为$\tilde{\zeta}(r, \overline{d}, l)$，是规划（2）对 M_{if} 的解：

$$\max PQ(M_{if}) - rM_{if} - C(l_i)$$

$$s.t \qquad M_{if} \leqslant \overline{M}_{if}(l_i) \qquad (6.2)$$

求解规划（2）可到有效需求为：$\tilde{\zeta} = \min\{Q'^{-1}(\frac{r}{P}), \overline{M}_{if}(l_i)\}$，分析同上：如果不存在融资限额，则为瓦尔拉需求$Q'^{-1}(\frac{r}{P})$，令$M_{if}^* = Q'^{-1}(\frac{r}{P})$，表示使得无约束$PQ(M_{if}) - rM_{if}$实现利润最大化时的瓦尔拉需求量；当存在融资限制时，对资金的有效需求恰好等

于融资限额 $\overline{M}_{if}(l_i)$。

此时，固定价格均衡（即K均衡）是指满足下面条件的集合，其中 $\widetilde{d}_j$ 表示有效需求，d_j^* 是最终交易，$\overline{d}_j$ 可认知的数量约束。

$$\widetilde{d}_j = \widetilde{\zeta}(r, \overline{d}_j, l_i)$$
$$d_j^* = \overline{M}_{if}(l_i)$$
$$\overline{d}_j = \overline{M}_{if}(l_i)$$

推论1：与未引入上市公司内幕信息保密激励机制相比，不难看出，此时资本市场中的行为人 j 在决策其有效需求时，除了考虑价格信号、融资配额的数量信号，还要加入内幕信息保密工作水平评级信号的因素。

推论2：当 $\overline{M}_{if}(l_i) < M_{if}^*$，也就是说上市公司 j 存在融资需求无法满足时，即最高融资限额小于其瓦尔拉均衡下的最优需求量 M_{if}^*，此时在其他条件相同的情况下，其有效需求是行为人 j 的融资配给上限 $\overline{M}_{if}(l_i)$。说明在我国上市公司有巨大资金需求的现状下，通过在再融资审批中引入内幕信息保密的考核维度，可以有效促使上市公司主动提升其保密工作水平，达到更高的评级水平进而获取更高的融资配额，最终获取更大的利润。

3. 有效的激励条件分析

当前上市公司 j 的内幕信息保密的评级为 l_0，在融资配给的限制下其有效需求时 $\overline{M}_{if}(l_0)$，若该上市公司提高其融资配额会实现更大的利润，以接近其在无约束条件下的最大利润，该上市公司就会考虑提高其内幕信息保密工作的等级，使得评级从当前的 l_0 提高到 l_1，相应地，随着融资配额也从 $\overline{M}_{if}(l_0)$ 提高到 $\overline{M}_{if}(l_1)$，企业利润也从 $R_j(M^*_{jf0})$ 提高到 $R_j(M^*_{jf1})$。但是，提高该公司内幕信息保密水平需要付出相应的成本，比如完善规章制度，加强内部管理等等方面，为了获取更多的融资配额，该上市公司需要付出额外的成本为 $C(l_1) - C(l_0)$。

推论3（有效的激励条件）：上市公司作为追求利润最大化的市场参与者，当其内幕信息保密评级从 l_0 提升到 l_1 带来的收益水平 $R_j(M^*_{jf1}) - R_j(M^*_{jf0})$ 高于其付出的信息保密成本 $C(l_1) - C(l_0)$ 时，则该机制可以有效激励上市公司自主提高其内幕信息保密工作水平，以获取更多的融资配额实现利润最大化目标。

四、小结

此节仅仅以资本市场的融资为例，未来在激励机制设计上，可以借鉴本节的评级信号思路，对上市公司内幕信息泄露以及对中小投资者保护水平等方面进行评级，建立包括所有上市公司的信息保密工作的评价体系，对内幕信息保密评级高的上市公司在同等条件下给以再融资的优先考虑。此外还可以考虑设计出与金融机构，各银行诚信体系共享的信息平台，对于内幕信息保密评级高的上市公司，在其他条件相同的情况下，给予利率和信用担保等方面优惠，进而加强上市公司内幕信息保密工作的事前引导机制建立。此外，要建立信息保密的公示制度，让社会公众知道上市公司保密了信息以及保密信息的基本种类，并通过这种公告的市场反应约束上市公司的信息保密行为，通过媒体加强对各种舞弊行为进行有效监督的作用。

第四节　本章小结

内幕信息的泄露使得少数知悉并利用了内幕信息进行交易的人在获得暴利的同时，其他众多的投资者却遭受重大损失。内幕信息行为的长期存在会使广大投资者丧失对市场的信心而放弃投资，不利于对我国经济稳定健康发展。随着我国证券市场的不断发展，查处的内幕信息泄露案件不断增多，但目前内幕信息泄露的处罚以事后监管为主，绝大多数的案件是因为随着内幕信息泄露而发生的内幕交易被发现的，极少数案件是单纯因为内幕信息泄露而被惩处。同时，由于证券交易采取电子化交易手段且内幕信息通过口头形式即可不留痕迹地泄露出去，使得这种多依靠事后处罚的监管对我国尚不完善的证券市场来说，在很大程度上是无效的。因此，如何有效地防范内幕信息泄露、维护我国证券市场的健康发展，本书认为急需建立专门针对内幕信息泄露的监管体系，具体包括国家法律、公司治理结构、行为主体的心理三个层面，在建立"事前防范、事中监控和事后惩处"的监管体系的同时，还应建立有针对性的激励机制。在四位一体的监管体系基础上，还应该不断完善针对不同泄密主体的差异化监管，从个人心理、公司治理、法律监管、社会舆论等方面多管齐下，从根源上抑制内幕信息泄露，促进我国证券市场的公平、公开、公正。

最后，要补充的是，相比于经济意义上的成本收益，行为主体的心理因素可能更难以度量。虽然本书在成本收益模型中加入了心理因素的考虑，但是在实践中操作会更加复杂。跟一般的犯罪行为相比，除了利益驱动，内幕信息泄露受心理因素（如同行攀比、跟风）影响会更大，因此如何加强内幕信息持有者的心理建设也显得有为重要。既然自我约束能力对于抑制内幕信息泄露作用重大，那么如何描绘各个因素（如职业教育、道德培养、行业自律、社会氛围等）的作用机制机理，也许是本研究接下来需要深入分析的问题。

第七章
结　论

本书基于犯罪经济学的相关理论对证券市场内幕信息泄露的动因进行了理论分析，并且分别针对上市公司、中介机构、监管部门和圈外人员四类人群进行调查问卷进行实证研究，研究显示：内幕信息泄露的动因不仅受经济利益的驱动，还会受到心理因素及周围环境、社会地位等因素的影响。虽然内幕信息泄露在各国都被规定为违法行为，但由于其具有较强的隐蔽性，且往往只能依靠"事后识别"，特别是在我国目前实践中还缺乏对内幕信息泄露专门而系统的监管机制。因此，本书建议针对内幕信息泄露的特点建立起"事前防范–事中监控–事后惩处"和"激励机制"相结合的监管体系，具体可以从以下四个方面入手：

首先，完善个人心理层面和公司治理层面的事前防范机制。一是通过个人道德、法律的教育，以及社会氛围的改善，降低泄密带给从业人员的刺激感，增加其泄密后的内疚感，提高违法后受到的社会影响，在事前尽可能地减小出现泄露内幕信息的可能性，将社会损失最小化。二是健全上市公司内部控制制度，从制度设计上堵塞公司人员可钻的空子；严防中介机构泄露上市公司内幕信息，同时充分发挥其独立的职业监督功能，在监管机构的指导下以优质的专业服务有效监控上市公司泄密行为。

其次，强化处于法律惩罚的及时性考虑的事中监控制度。监管机构可以通过建立证券交易的实时监控系统，形成泄密预警机制，来加强对异常股票交易的监控。在发现异常交易后，通过专门的机构，运用一定的识别指标进行甄别，及时发现可疑对象以阻止泄密行为。同时，还要加强对内幕信息知情人登记管理制度的落实，使监管部门能够对内幕信息知情人进行有效监控。

再者，从立法和执法两个角度完善事后惩处的机制。一是加大对泄露内幕信息行为的查处力度。设立举证保密制度，鼓励各方检举揭发泄露内幕信息行为，构建包括证监会、证交所、中介机构、公安机关、新闻媒体、社会公众在内的联合监管系统，提高监管效率，在加大对泄密行为的查处力度的同时，也提高法律惩罚的及时性。二是提高对泄密行为的惩罚力度。三是加强相关立法，完善证券违法犯罪刑事立法体系建设。当前我国的证券刑法虽然有了较大的发展，但是总体还是显得粗糙，原则性有余，操作性欠佳。应该尽快制定《刑法》的补充规定和司法解释，把《证券法》与《刑法》更紧密地结合在一起，形成科学的内幕信息泄露违法犯罪的刑事法律法规，保障证券市场稳定、健康地发展。

最后，建立防止内幕信息泄露的激励机制。对上市公司内幕信息保密水平进行分级，建立上市公司内幕信息保密工作评级体系，对内幕信息保密工作实施较好上市公司给予优先融资等政策上的支持。同时还可以积极探索对内幕知情人保密工作的实施适当奖励，通过有效的内幕信息保密激励制度，发挥市场的调节作用，引导上市公司主动加强内幕信息管理工作，进而形成上市公司内幕信息保密工作的事前引导机制建立。从根本上抑制内幕信息的泄露，保障证券市场的健康运行。

本书综合了经济学、法学、心理学、统计学等多个学科的知识对研究问题进行了较为全面深入分析，但由于目前专门针对内幕信息泄露的研究还很少，虽然本书创新性地基于犯罪经济学的理论分析将内幕信息泄露的动因，并且基于国际数据对法律抑制内幕信息泄露的作用机制做了实证分析。但是，由于数据获取的难度大、研究方法刚刚起步，不足之处难免，未来的研究还可以在各因素的作用机制以及心理层面的作用机理等方面做更深入的研究。

附录 A

调查问卷（公司高管）

尊敬的女士/先生：

您好！

感谢您在百忙之中抽出时间填写这份调查问卷。本问卷是一份学术研究问卷，目的在于了解内幕信息泄露的心理动机与行为决策机制，大约占用您大约5分钟的时间。我们将严格保密您提供的所有的信息，因此请您放心作答。

衷心地感谢您对我们研究的支持和帮助！

祝您一切顺利！

背景信息：

1. 性别：

（1）男（2）女

2. 年龄

3. 年平均家庭收入为多少？

（1）5万元及以下（2）5万–10万元（3）10万–20万元（4）20万元以上

4. 您大学期间所学的专业是

（1）会计（2）金融（3）管理（4）营销（5）信息系统（6）其他管理类（7）非管理类

5. 您是否是证券从业人员？

（1）是（2）否

如果答案为否，直接略过第6题。

6. 到目前为止，您的从业时间是多久？

（1）0–1年（2）1–2年（3）3–5年（4）5–10年（5）10年以上

7. 到目前为止，您在新闻媒体上看到或听说过几次内幕信息泄露？

（1）0次（2）1–2次（3）3–5次（4）5–10次（5）10次以上

8. 您是否认为泄露内幕信息是违法行为并应受到严厉的惩罚

（1）是违法行为但不应受到严厉的惩罚

（2）应受到严厉的惩罚但不是违法行为

（3）是违法行为并应受到严厉的惩罚

（4）影响比较小不构成扰乱市场威胁

许总与内幕信息

甲上市公司拟收购由其控股的A公司的全部股权进行重组。

许某是甲上市公司的总裁，深知如果此时大量购入 A 公司股票将会获得巨额利润。但是考虑到自己工作的原因，许某正在犹豫要不要采取更加隐蔽的方式，即在该信息公告前，将甲上市公司拟重组的内幕信息透露给他人并收取好处费。

这种情况下，您认为许某会怎么做？

A. 泄露内幕信息　　　B. 不泄露内幕信息　　　C. 不确定

许某可能会考虑到的因素	非常重要	比较重要	一般重要	不很重要	不重要
1. 与现状相比，许某收益是否能获得很大幅度的提升？	1	2	3	4	5
2. 许某是否听说过有人泄密而没被查处的现象？	1	2	3	4	5
3. 许某自己以前是否有泄密而没被发现的经历？	1	2	3	4	5
4. 许某是否具有一定的冒险倾向？	1	2	3	4	5
5. 相关法律是否存在灰色地带？	1	2	3	4	5
6. 泄密被惩罚的概率是否很高？	1	2	3	4	5
7. 当局对泄密行为是否能及时发现？	1	2	3	4	5
8. 一旦被查处，惩罚是否足够严厉？	1	2	3	4	5
9. 许某的社会声誉是否会因此严重受损？	1	2	3	4	5
10. 许某是否会因为泄密感到非常自责和内疚？	1	2	3	4	5
11. 媒体的监督和约束力量是否足够？	1	2	3	4	5
12. 审计师的审计意见是否可控？	1	2	3	4	5

续表

许某可能会考虑到的因素	非常重要	比较重要	一般重要	不很重要	不重要
13. 公司内部对内幕知情人员的监管是否足够严格？	1	2	3	4	5
14. 公司信息披露是否及时公开？	1	2	3	4	5
15. 公司薪酬待遇是否优厚？	1	2	3	4	5
16. 许某对相关的法律和从业知识是否足够了解？	1	2	3	4	5
17. 许某的从业经验和水平是否足够？	1	2	3	4	5
18. 许某对自己的现状是否满意？	1	2	3	4	5
19. 许某是否认为泄密应该得到严惩？	1	2	3	4	5
20. 您想到的其他许某可能会考虑的因素：_____	1	2	3	4	5
请选出您认为最重要的四个因素，并按照其重要程度依次列出相应的序号：第一重要 _____、第二重要 _____、第三重要 _____、第四重要 _____					

调查问卷（中介机构）

尊敬的女士/先生：

您好！

感谢您在百忙之中抽出时间填写这份调查问卷。本问卷是一份学术研究问卷，目的在于了解内幕信息泄露的心理动机与行为决策机制，大约占用您大约5分钟的时间。我们将严格保密您提供的所有的信息，因此请您放心作答。

衷心地感谢您对我们研究的支持和帮助！

祝您一切顺利！

背景信息：

1．性别：

（1）男（2）女

2．年龄

3．年平均家庭收入为多少？

（1）5万元及以下（2）5万–10万元（3）10万–20万元（4）20万元以上

4．您大学期间所学的专业是

（1）会计（2）金融（3）管理（4）营销（5）信息系统（6）其他管理类（7）非管理类

5．您是否是证券从业人员？

（1）是（2）否

如果没有，请直接略过下面的6题。

6．到目前为止，您的从业时间是多久？

（1）0–1年（2）1–2年（3）3–5年（4）5–10年（5）10年以上

7．到目前为止，您在新闻媒体上看到或听说过几次内幕信息泄露？

（1）0次（2）1–2次（3）3–5次（4）5–10次（5）10次以上

8. 您是否认为泄露内幕信息是违法行为并应受到严厉的惩罚

（1）是违法行为但不应受到严厉的惩罚

（2）应受到严厉的惩罚但不是违法行为

（3）是违法行为并应受到严厉的惩罚

（4）影响比较小不构成扰乱市场威胁

分析师的选择

马某是B证券公司的知名分析师，并得知乙上市公司近期将公布一项重要的股权激励计划。如果马某该将这一消息告诉基金经理和其他投资人，就可以赚取好处费并提高自己在行业内的知名度。

这种情况下，您认为马某会怎么做？

A. 泄露内幕信息　　　B. 不泄露内幕信息　　　C. 不确定

马某可能会考虑到的因素	非常重要	比较重要	一般重要	不很重要	不重要
1. 与现状相比，马某收益和知名度是否能获得很大幅度的提升？	1	2	3	4	5
2. 马某是否听说过有人泄密而没被查处的现象？	1	2	3	4	5
3. 马某自己以前是否有泄密而没被发现的经历？	1	2	3	4	5
4. 马某是否具有冒险倾向？	1	2	3	4	5
5. 相关法律是否存在灰色地带？	1	2	3	4	5

马某可能会考虑到的因素	非常重要	比较重要	一般重要	不很重要	不重要
6. 泄密被惩罚的概率是否很高？	1	2	3	4	5
7. 当局对泄密行为是否能及时发现？	1	2	3	4	5
8. 一旦被查处，惩罚是否足够严厉？	1	2	3	4	5
9. 马某的社会声誉是否会因此严重受损？	1	2	3	4	5
10. 马某是否会因为泄密感到非常自责和内疚？	1	2	3	4	5
11. 媒体的监督和约束力量是否足够？	1	2	3	4	5
12. 同行之间是否存在有效的监督举报机制？	1	2	3	4	5
13. 公司内部对内幕知情人员的监管是否足够严格？	1	2	3	4	5
14. 公司信息披露是否及时公开？	1	2	3	4	5
15. 公司薪酬待遇是否优厚？	1	2	3	4	5
16. 马某对相关的法律和从业知识是否足够了解？	1	2	3	4	5
17. 马某的从业经验和水平是否足够？	1	2	3	4	5
18. 马某对自己的现状是否满意？	1	2	3	4	5
19. 马某是否认为泄密应该得到严惩？	1	2	3	4	5
20. 您想到的其他马某可能会考虑的因素：_____	1	2	3	4	5

请选出您认为最重要的四个因素，并按照其重要程度依次列出相应的序号：
第一重要_____、第二重要_____、第三重要_____、第四重要
_____

调查问卷（高管亲属）

尊敬的女士/先生：

您好！

感谢您在百忙之中抽出时间填写这份调查问卷。本问卷是一份学术研究问卷，目的在于了解内幕信息泄露的心理动机与行为决策机制，大约占用您大约5分钟的时间。我们将严格保密您提供的所有的信息，因此请您放心作答。

衷心地感谢您对我们研究的支持和帮助！

祝您一切顺利！

背景信息

1. 性别：

（1）男（2）女

2. 年龄

3. 年平均家庭收入为多少？

（1）5万元及以下（2）5万-10万元（3）10万-20万元（4）20万元以上

4. 您大学期间所学的专业是

（1）会计（2）金融（3）管理（4）营销（5）信息系统（6）其他管理类（7）非管理类

5. 您是否是证券从业人员？

（1）是（2）否

如果没有，请直接略过下面的6题。

6. 到目前为止，您的从业时间是多久？

（1）0-1年（2）1-2年（3）3-5年（4）5-10年（5）10年以上

7. 到目前为止，您在新闻媒体上看到或听说过几次内幕信息泄露？

（1）0次（2）1-2次（3）3-5次（4）5-10次（5）10次以上

8. 您是否认为泄露内幕信息是违法行为并应受到严厉的惩罚

（1）是违法行为但不应受到严厉的惩罚

（2）应受到严厉的惩罚但不是违法行为

（3）是违法行为并应受到严厉的惩罚

（4）影响比较小不构成扰乱市场威胁

妻子的困惑

刘某的丈夫杜某在丙集团担任总会计师。杜某因工作需要得知丙集团近期拟收购C公司借壳上市。刘某无意间从杜某处获悉了这一内幕消息。为了丈夫的工作考虑，刘某不打算自己进行交易，她正在犹豫要不要把这一消息泄露给其他股民，从中赚取分成。

您认为刘某应该卖出这一内幕消息吗？

A. 泄露内幕信息　　B. 不泄露内幕信息　　C. 不确定

刘某可能会考虑到的因素	非常重要	比较重要	一般重要	不很重要	不重要
1. 与现状相比，刘某收益是否能获得很大幅度的提升？	1	2	3	4	5
2. 刘某是否听说过有人泄密而没被查处的现象？	1	2	3	4	5
3. 刘某自己以前是否有泄密而没被发现的经历？	1	2	3	4	5
4. 刘某是否具有冒险倾向？	1	2	3	4	5
5. 相关法律是否存在灰色地带？	1	2	3	4	5
6. 泄密被惩罚的概率是否很高？	1	2	3	4	5
7. 当局对泄密行为是否能及时发现？	1	2	3	4	5
8. 一旦被查处，惩罚是否足够严厉？	1	2	3	4	5
9. 刘某的社会声誉是否会因此严重受损？	1	2	3	4	5
10. 刘某是否会因为泄密感到非常自责和内疚？	1	2	3	4	5
11. 媒体的监督和约束力量是否足够？	1	2	3	4	5
12. 丈夫对泄密行为是否持强烈反对态度？	1	2	3	4	5
13. 丈夫公司对内幕知情人员的监管是否足够严格？	1	2	3	4	5
14. 丈夫公司信息披露是否及时公开？	1	2	3	4	5
15. 丈夫的薪酬待遇是否优厚？	1	2	3	4	5
16. 刘某对相关的法律是否足够了解？	1	2	3	4	5
17. 刘某是否具有从业经验？	1	2	3	4	5
18. 刘某对自己的现状是否满意？	1	2	3	4	5
19. 刘某是否认为泄密应该得到严惩？	1	2	3	4	5
20. 您想到的其他刘某可能会考虑的因素：	1	2	3	4	5

请选出您认为最重要的四个因素，并按照其重要程度依次列出相应的序号：
第一重要_____、第二重要_____、第三重要_____、第四重要_____

调查问卷（监管人员）

尊敬的女士/先生：

您好！

感谢您在百忙之中抽出时间填写这份调查问卷。本问卷是一份学术研究问卷，目的在于了解内幕信息泄露的心理动机与行为决策机制，大约占用您大约5分钟的时间。我们将严格保密您提供的所有的信息，因此请您放心作答。

衷心地感谢您对我们研究的支持和帮助！

祝您一切顺利！

背景信息

1. 性别：

（1）男（2）女

2. 年龄

3. 年平均家庭收入为多少？

（1）5万元及以下（2）5万-10万元（3）10万-20万元（4）20万元以上

4. 您大学期间所学的专业是

（1）会计（2）金融（3）管理（4）营销（5）信息系统（6）其他管理类（7）非管理类

5．您是否是证券从业人员？

（1）是（2）否

如果没有，请直接略过下面的6题。

6．到目前为止，您的从业时间是多久？

（1）0-1年（2）1-2年（3）3-5年（4）5-10年（5）10年以上

7．到目前为止，您在新闻媒体上看到或听说过几次内幕信息泄露？

（1）0次（2）1-2次（3）3-5次（4）5-10次（5）10次以上

8．您是否认为泄露内幕信息是违法行为并应受到严厉的惩罚

（1）是违法行为但不应受到严厉的惩罚

（2）应受到严厉的惩罚但不是违法行为

（3）是违法行为并应受到严厉的惩罚

（4）影响比较小不构成扰乱市场威胁

监管人员的赚钱良机

李某是证监会工作人员，由于其工作职责范围，能在上市公司重大信息对外披露前得知这些消息。如果将这些信息透露给相关投资人，就能从中收取不少好处。

您觉得李某会做出怎样的选择？

A. 泄露内幕信息　　B. 不泄露内幕信息　　C. 不确定

李某可能会考虑到的因素	非常重要	比较重要	一般重要	不很重要	不重要
1.与现状相比,李某收益是否能获得很大幅度的提升?	1	2	3	4	5
2.李某是否听说过有人泄密而没被查处的现象?	1	2	3	4	5
3.李某自己以前是否有泄密而没被发现的经历?	1	2	3	4	5
4.李某是否具有冒险倾向?	1	2	3	4	5
5.相关法律是否存在灰色地带?	1	2	3	4	5
6.泄密被惩罚的概率是否很高?	1	2	3	4	5
7.当局对泄密行为是否能及时发现?	1	2	3	4	5
8.一旦被查处,惩罚是否足够严厉?	1	2	3	4	5
9.李某的社会声誉是否会因此严重受损?	1	2	3	4	5
10.李某是否会因为泄密感到非常自责和内疚?	1	2	3	4	5
11.媒体的监督和约束力量是否足够?	1	2	3	4	5
12.是否存在有效的社会监督举报机制?	1	2	3	4	5
13.证监会内部对内幕知情人员的监管是否足够严格?	1	2	3	4	5
14.上市公司信息披露是否及时公开?	1	2	3	4	5
15.李某的薪酬待遇是否优厚?	1	2	3	4	5
16.李某对相关的法律和从业知识是否足够了解?	1	2	3	4	5
17.李某的从业经验和水平是否足够?	1	2	3	4	5
18.李某对自己的现状是否满意?	1	2	3	4	5
19.李某是否认为泄密应该得到严惩?	1	2	3	4	5
20.您想到的其他李某可能会考虑的因素:_____	1	2	3	4	5

请选出您认为最重要的四个因素,并按照其重要程度依次列出相应的序号:
第一重要_____、第二重要_____、第三重要_____、第四重要_____

索 引

参考文献

[1] La Porta, Florencio Lopez, and AndreiShleifer, Robert Vishny. What Works in Securities Law[J]. Journal of Finance, 2006, 61: 1-32.

[2] La Porta, Rafael, Florencio Lopez-de-Silanes, AndreiShleifer, and Robert Vishny. Law andFinance[J]. Journal of Political Economy, 1998, 106: 1113–1155.

[3] La Porta, Rafael, Florencio Lopez-de-Silanes, AndreiShleifer, and Robert Vishny. The quality of government[J]. Journal of Law, Economics, and Organization, 1999, 15: 222-279.

[4] La Porta, Rafael, Florencio Lopez-de-Silanes, AndreiShleifer, and Robert Vishny. Investorprotection and corporate valuation[J]. Journal of Finance, 2002, 57: 1147-1170.

[5] 何佳，何基报. 中国股市重大事件信息披露与股价异动[R]. 深圳证券交易所综合研究所研究报，2001: 24-38.

[6] 张新, 祝红梅. 内幕交易的经济学分析[J]. 经济学（季刊），2003, 1: 12–18.

[7] 田满文. 股权分置改革中内幕交易和市场操纵行为研究[J]. 审计与经济研究, 2007, 4: 22–26.

[8] 简志豪. 内幕交易的经济学分析——基于大宗交易的事件研究[J]. 商场现代化, 2010, 10: 4–11.

[9] 翟建强, 李小蓉. 资产重组、股价波动与内幕交易——来自中国A股市场重大资产重组的证据[J]. 北京社会科学, 2014, 3: 107–118.

[10] 申琦锦. 内幕交易、泄露内幕信息罪连锁共犯研究[D]. 南京师范大学硕士论文, 2016: 75–90.

[11] 肖中华. 内幕交易、泄露内幕信息罪之规范解释[J]. 法治研究, 2016, 4: 22–31.

[12] 沈冰, 赵小康. 基于支持向量机的内幕交易识别研究[J]. 财经问题研究, 2016, 10: 55–73.

[13] 沈冰, 郭粤, 傅李洋. 中国股票市场内幕交易影响因素的实证研究[J]. 财经问题研究, 2013, 4: 54–61.

[14] 张大勇, 王卫锋. 证券市场内幕交易行为识别：理论模型与实证分析[J] 西南民族大学学报, 2017, 3: 12–19.

[15] Glosten, Lawrenee R. Insider Trading，Liquidity, and Role of the Monopolist[J]. Journal of Business, 1989, 62: 211–236.

[16] Leland H. Insider Trading: Should It Be Prohibited[J]. Journal of Political Economy, 1992, 1: 859-887.

[17] Bhattacharya, U., H. Daouk. When no law is better than a good law[J]. Review of Finance, 2009, 13: 577-627.

[18] Bhattacharya, HazemDaouk. The World Price of Insider Trading[J]. Journal of Finance, 2002, 57: 75-108.

[19] Ausubel.Insider Trading in a Rational Expectations Economy[J]. American Economic Review , 1990, 80: 1022-1041.

[20] Beny, Laura N. A Comparative Empirical Investigation of Agency and Market Theories of Insider Trading[J]. Working Paper, John M .Olin Center For Law, Economics and Business, Havard Law School, 1999, 2: 264-287.

[21] Dye, Ronald A. Disclosure of Nonproprietary Information[J]. Journal of Accounting Research, 1985, 23: 123-145.

[22] Easley D, Kiefer N. M. and O'Hara M. et al.Liquidity, Information, and Infrequently Traded Stocks[J]. The Journal of Finance, 1996, 151: 1405-1436.

[23] 黄余海. 中国证券市场内幕交易实证研究[D]. 上海交通大学博士论文, 2003: 48-75.

[24] 张宗新, 潘志坚, 季雷. 内幕信息操纵的股价冲击效应: 理论与中国股市证据[J]. 金融研究2005, 4: 8-19.

[25] 张新，祝红梅.内幕交易的经济学分析[J]. 经济学，2003，10：71-96.

[26] 晏艳阳，赵大玮，我国股权分置改革中内幕交易的实证研究[J]. 金融研究，2006，4：22-29.

[27] 张宗新.内幕交易行为预测：理论模型与实证分析[J]. 管理世界，2008，4：33-42.

[28] 王飞，股票市场知情投资者的隐藏性交易行为分析——来自A股市场的经验证据[J].经济社会体制比较，2013，3：8-14.

[29] Becker, Gary. Crime and punishment: An economic approach[J]. Journal of Political Economy, 1968, 76: 169‑217.

[30] Blake, J.& Davis, K.Norms. Values and Sanctions[J].Modern Sociology, 1964, 6: 456-484.

[31] Davis, W.Jung. Experimental Evidence on Taxpayer Reporting Under Uncertainty[J]. The Accounting Review, 1991, 66: 535-558.

[32] Glaser E. I., Sacerdote B, Scheinkman J. Crime and Social Interactions[J]. Quarterly Journal of Economics , 1996, 110（2）: 507‑548.

[33] Choe J. Income Inequality and Crime in the United States[J]. Economics letters, 2008, 101（1）: 31‑33.

[34] Kelly M. Inequality and Crime[J]. The Review of Economics

and Statistics, 2000, 82（4）: 530–539.

[35] Imrohoroglu, Merlo& P.Rupert. What accounts for the Decline in Crime[J]. International Economic Review.2004, 45: 707–730.

[36] Scott, W. and H. Grasmick. Deterrence and Income Tax Cheating : Testing Interaction Hypothesis in Utilitarian Theories[J]. ournal of Applied Behavioral Science, 1981, 17（3）: 395–408.

[37] Salter, S.B. , D. M. Guffey, and J. J. McMillan. Consequences and Culture: A Comparative Examination of Cheating and Attitudes about Cheating among U.S. and U.K. Students Truth[J]. Journal of Business Ethics, 2001, 31: 37–501.

[38] Lattimore P., Witte A. D. Models of Decision Making under Uncertainty: The Criminal Choice. Reasoning Criminal, 2013, 8: 129–155.

[39] 李心丹，宋素荣，卢斌，查晓磊.证券市场内幕交易的行为动机研究[J].经济研究，2008，10: 24–35.

[40] 江鹏. 证券内幕交易的心理分析及防范措施[J]. 经济纵横，2008，11: 43–49

[41] Grasmick, H. and W.Scott. Tax Evasion and Mechanisms of Social Control: A Comparison with Grand and Petty Theft[J]. Journal of Economic Psychology, 1982, 2: 213–230.

[42] Mason R.., Calvin L. D..PublicConfidence and Admitted Tax

Evasion[J]. NationalTax Journal, 1984, 37: 489-496.

[43] 杜晓芬. 我国内幕交易法律监管体系构建的研究[D].南开大学博士论文, 2014, 5: 66-75.

[44] 康萌. 内幕交易监管制度研究[D].郑州大学博士论文, 2004: 56-73.

[45] 陈小林, 孔东民. 信息环境、审计治理与投资者保护[J]. 公司治理评论, 2009, 3: 23-28.

[46] Madhavan, Ananth. Security prices and market transparency[J]. Journal of Financial Intermediation May. 1996, 5: 255-283.

[47] 沈根祥, 李春琦. 中国股票市场透明度改革效果的理论与检验[J]. 财经研究, 2008, 6: 62-73.

[48] 李捷瑜, 王美今. 内幕交易与公司治理: 来自业绩预报的证据[J]. 证券市场导报, 2008, 12: 59-66.

[49] Coase, Ronald. The Problem of Social Cost[J]. Journal of Law and Economics, 1960, 3: 1 - 44.

[50] Stigler, George. Public Regulation of the Securities Narket[J]. Journal of Business, 1964, 37: 117 - 142.

[51] Grossman, Sanford, and Oliver Hart. Disclosure laws and Takeover bids[J]. Journal of Finance, 1980, 35: 323 - 334.

[52] Grossman, Sanford. The Informational Role of·Warranties

and Private Disclosure about Product quality[J]. Journal of Law and Economics, 1981, 24: 461 - 483.

[53] Milgrom, Paul, and John Roberts. Relying on the Information of Interested Parties[J]. Rand Journal of Economics, 1986, 17: 18 - 32.

[54] Benston, George. The Market for Public Accounting Services: Demand, Supply and Regulation[J]. Journal of Accounting and Public Policy, 1985, 4: 33 - 79.

[55] De Long, Bradford. Did J. P. Morgan's Men add Value? An Economist's Perspective on Financial Capitalism[A]. In: Peter Temin. Inside the Business Enterprise: Historical Perspectives on the Use of Information[C]. Chicago: University of Chicago Press, 1991.

[56] Coffee, John. Market Failure and the Economic Case for a Mandatory Disclosure System[J]. Virginia Law Review, 1984, 70: 717 - 753.

[57] Coffee, John. Understanding Enron: It's about the Gatekeepers, Stupid[J]. Business Lawyer, 2002, 57: 1403 - 1420.

[58] Stulz, Rene. Globalization of Equity Markets and the Cost of Capital[J]. Journal of Applied Corporate Finance, 1999, 12: 8 - 25.

[59] Simon, Carol. The Effect of the 1933 Securities Act on investor Information and the Performance of New Issues[J]. American Economic Review, 1989, 79: 295 - 318.

[60] Reese, William, and Michael Weisbach. Protection of Minority Shareholder Interests, Crosslistings in the United States, and Subsequent Equity Offerings[J]. Journal of Financial Economics, 2002, 66: 65 - 104.

[61] Polinsky, Mitchell, and Steven Shavell. The Economic Theory of Public Enforcement of Law[J]. Journal of Economic Literature, 2000, 38: 45 - 76.

[62] Glaeser, Edward, Simon Johnson, and AndreiShleifer.Coase Versus the Coasians[J]. Quarterly Journal of Economics , 2001, 116: 853 - 899.

[63] Pistor, Katharina, and ChenggangXu. Law Enforcement under Incomplete Law: Theory and Evidence from Financial Market Regulation[C]. Columbia Law School, 2002: 33-58.

[64] HenrvManne. Insider Trading and the Stock Market[J]. California Law Review, 1967, 5: 88-116.

[65] James Rest, DarciaNarvaez, MurielBebeau, and Stephen Thoma.A Neo-Kohlbergian Approach: The DIT and Schema Theory[J]. Educational Psychology Review, 1999, 11: 12-33.

[66] French, Kenneth, and Richard Roll. Stock Return Variances: The Arriva l of Information and the Reaction of Traders[J]. Journal of Financial Economics, 1986, 17: 5-26.

[67] Jaffe J. F. Special Information and Insider Trading[J]. The Journal of Business，1997，47：410–428.

[68] Wang，W. K. S. and M. I. Steinberg.Insider Trading[J]. Little Brown，1996，2：11–15.

[69] Coase，Ronald. The Problem of Social Cost[J]. Journal of Law and Economics，1960，3：1–44.

[70] Fishman，M. and K. Hagerty.Insider Trading and the Efficiency of Stock Prices[J]. Journal of Economics ，1992，23：106–22.

[71] Fernandes，N. and M. A. Ferreira，Insider Trading Laws and Stock Price Informativeness [J]. Review of Financial Studies，2009，22：1845–1887.

[72] 李明.论证券市场的效率与公平双重属性[J].中南财经政法大学学报，2008，3：22–30.

[73] 张丁月.内幕交易、泄露内幕信息罪的争议问题研究[D].兰州大学，2009，5-6：43–58.

[74] Salter.S.B.，D.M.Guffey and J.J.Mcmillan.Truth.Consequence and Culture：A Comparative Examination of Cheating and Attitudes about Cheating among U.S. and U.K. students [J]. Journal of Business Ethnics，2001，31：37–50.

[75] J. D. Beams. Insider Trading ：A Study of Motivations and Deterrents[D]. the Virginia Polytechnic Institute and State University，

2002：30-56.

[76] Paul Dunn. The Impact of insider Power on Fraudulent Financial Reporting[M]. Journal of Management，2004：397-412, 397-412.

[77] 唐齐鸣, 张云. 基于公司治理视角的中国股票市场非法内幕交易研究[J]. 金融研究, 2009, 6：53-68.

[78] Dunkelberg，J. and D.R.Jessup.so Then Why Did You Do It[J]. Journal of Business Ethnics，2001, 29：51-63.

[79] 宋晓明. 论理性犯罪的犯罪收益与犯罪成本[J]. 公安研究, 2005, 7：24-26.

[80] [意]贝卡里亚.论犯罪与刑罚[M].黄风译, 北京：中国法制出版社, 2005：69- 70.

[81] Tittle，C.R.. Sanctions and Social Deviance the Question of Deterrence[J]. Praeger Publishers, 1980, 22：246-285.

[82] Grasmick，H. G.，D. E. Green. LegalPunishment，Social Disapproval and Internalizationas Inhibitors of Illegal Behavior[J]. Journal of CriminalLaw and Criminology，1980, 71：325-335.

[83] 李焰, 秦义虎. 媒体监督、声誉机制与独立董事辞职行为[J]. 财贸经济, 2011, 3：10-18.

[84] 李焰, 王琳. 媒体监督、声誉共同体与投资者保护[J]. 管理世界, 2013, 11：15-23.

[85] 杨德明，赵璨. 媒体监督、媒体治理与高管薪酬[J]. 经济研究，2012，6：20-32.

[86] 杨德明，赵璨. 民营上市公司的政治关联与融资研究——基于货币政策和媒体监督的视角[J].审计与经济研究，2015，2：9-15.

[87] James Rest, DarciaNarvaez, MurielBebeau, and Stephen Thoma. A Neo-Kohlbergian Approach：The DIT and Schema Theory[J]. Educational Psychology Review，1999，11：4-18.

[88] 陈晓.民商法论丛[C]. 北京：法律出版社，1996：89-114.

[89] H. NejatSeyhun. The Effectiveness of the Insider Trading Sanctions[J]. Journal of Law and Economics，1992，35：149-182.

[90] Bris, Arturo.Do Insider Trading Laws Work？ [J]. European Financial Management，2005，11：267-312.

[91] 陈秧秧.选择性披露管制如何影响美国资本市场——研究述评[J].证券法苑，2011，5：467-481.

[92] P. Brockman, D. Y. Chung.Investor protection and firm liquidity[J]. Journal of Finance，2003，58：921-937.

[93] Bart Frijns, Aaron Gilbert, AlirezaTourani-Rad. Do Criminal Sanctions Deter Insider Trading？ [J]. Financial Review，2013，48：205-232.

[94] Bhattacharya, U., H. Daouk. When no Law is better than a

good Law[J]. Review of Finance, 2009, 13: 577-627.

[95] Utpal Bhattacharya, HazemDaouk. The World Price of Insider Trading[J]. Journal of Finance, 2002, 57: 75-108.

[96] Budsaratragoon, P., Hillier, D., and Lhaopadchan, S., Applying developed-country regulation in emerging markets: an analysis of Thai insider trading[J]. Accounting & Finance, 2012, 52: 1013-1039.

[97] Grasmick, H. G., D. E. Green. Legal Punishment, Social Disapproval and Internalization as Inhibitors of Illegal Behavior[J]. Journal of CriminalLaw and Criminology, 1980, 71: 325-335.

[98] Mason R., CalvinL. D..PublicConfidence and Admitted Tax Evasion[J]. National Tax Journal, 1984, 37: 489-496.

[99] Beck P. J., J. S. Davis, and W. Jung. Experimental Evidence on Taxpayer ReportingUnderUncertainty[J]. The Accounting Review, 1991, 66: 535-558.

[100] 田甜铭梓. 中国上市公司控股股东行为法律规制的有效性及其影响因素[D], 上海: 华东师范大学, 2013. 175-177.

[101] Pistor, Katharina, and ChengGangXu. Law enforcement under incomplete law: Theory and evidence from financial market regulation[C]. Columbia Law School, 2002: 72-97.

[102] Landis, James, The Administrative Process[M]. New

Haven: Yale University Press, 1938, 11: 160–195.

[103] KatharinaPistor, Matin Raiser, and StanislavGelfer.Law and Finance in Transition Economies[J]. Economics of Transition, 2000, 8: 325－368.

[104] Holmes, Jr. The path of law [J]. Journal of Business, 1980, 5: 457–469.

[105] Keown, A.J. and J. M. Pinkerton.Merger Announcements and Insider Trading Activity: An Empirical Investigation [J]. The Journal of Finance, 1981, 36: 855 –869.